SOMMAIRE

PRÉSENTATION DE LA DÉMARCHE GÉNÉRALE

Tout au long de sa scolarité, l'élève va développer des **compétences méthodologiques, organisationnelles et de raisonnement** qui vont lui permettre de gagner en efficacité dans de nombreux domaines d'apprentissage. Ces compétences transversales sont autant de leviers de différenciation et de points d'appui pour favoriser la réussite de tous les élèves. La structuration cognitive de ces derniers se construit au travers de l'observation, la verbalisation, l'expérimentation et l'automatisation de schémas de pensée organisés.

Apprendre et s'entrainer à raisonner propose donc des séries de fiches sur **trois champs du raisonnement :**

- **je raisonne dans l'espace et le temps (raisonnement visuospatial) ;**
- **je raisonne avec les mots (raisonnement verbal) ;**
- **je raisonne avec les nombres (raisonnement logicomathématique).**

D'après le *BOEN* n° 31 du 30 juillet 2020, « au cycle 2, on articule le concret et l'abstrait. Observer et agir, manipuler, expérimenter, toutes ces activités mènent à la représentation, qu'elle soit analogique (dessins, images, schématisations) ou symbolique, abstraite (nombres, concepts)[1]. »
Les objectifs liés au domaine « Questionner le monde » doivent permettre aux élèves « d'acquérir des connaissances nécessaires pour décrire et comprendre le monde qui les entoure et développer leur capacité à raisonner. La mise en œuvre de démarches d'investigation permet aux élèves de développer des manières de penser, de raisonner, d'agir en cultivant le langage oral et écrit ».

Remédier aux difficultés d'un élève, c'est prendre le temps de l'aider à identifier les obstacles, c'est l'accompagner dans le traitement de l'information et le contrôle des différentes étapes liées à l'apprentissage.
Parce que **raisonner c'est aussi apprendre à gérer ses émotions, son stress, ses impulsions,** c'est contrôler, s'adapter, corriger, l'élève va s'entrainer à des opérations intellectuelles variées. Au travers des différents exercices de classification, de comparaison, de sériation de ce fichier, **l'élève va apprendre à raisonner dans l'espace, avec les mots, les concepts, les nombres...**

Pour chaque compétence travaillée, une activité à vivre (manipulation/motricité) suivie de trois fiches activité sont proposées.

1/ L'activité à vivre permet de mettre l'élève en situation, de lui faire vivre ses apprentissages, de le placer en position de questionnement et d'expérimentation. **Réalisée collectivement ou en groupe**, elle vient en amont du travail sur fiches. Sorte de déclencheur, elle encourage tous les élèves à expérimenter et à réfléchir sur une situation. Elle permet de donner du sens aux activités des fiches photocopiables qui seront proposées ensuite.

2/ Les fiches photocopiables permettent de réinvestir la compétence sur trois niveaux de difficulté, symbolisés par * / ** / ***. On passe ainsi du vécu à l'élaboration progressive d'un apprentissage qui fait sens.
L'ouvrage est divisé en trois grands domaines : l'espace-temps, les mots et les nombres.
La démarche suit toujours le même schéma (inspiré de l'entretien d'explicitation de P. Vermersch[2]) :

- **Délimiter le cadre de l'activité :** lecture collective de la consigne et explicitation du but, des attendus de réussite et des contraintes liées à l'activité.
- **Temps de recherche individuel ou en binôme** en laissant la possibilité à l'élève d'utiliser le matériel de son choix, d'expérimenter sa propre démarche. Relancer, encourager et guider l'élève tout en l'aidant à visualiser et verbaliser ce qu'il fait.
- **Mise en commun des stratégies et actions réalisées par les uns et les autres**. La verbalisation permet alors de mettre en lumière l'efficacité ou l'inefficacité de certains choix et procédures.
- **Réinvestissement et transfert dans une autre situation.**

GUIDE PÉDAGOGIQUE

« COMMENT UTILISER CE FICHIER ?

Ce fichier est essentiellement destiné à des élèves de cycle 2, mais il convient à des élèves de cycle 3 en difficulté. Les compétences liées au raisonnement ne sont pas intrinsèquement liées à l'âge de l'enfant mais plutôt à son stade de développement. Pour certains en effet, en fonction de leur développement, certaines compétences sont plus ou moins accessibles.

L'utilisation de ce fichier sera optimale en petits groupes de remédiation. Utilisable en classe mais également par d'autres professionnels comme les orthophonistes, ce fichier offre la possibilité de travailler de nombreuses opérations intellectuelles ciblées permettant de développer le raisonnement chez l'enfant. C'est pourquoi de nombreuses fiches ne sont pas destinées à être réalisées en autonomie. L'étayage de l'adulte, les échanges entre enfants, les feedbacks sont autant de points d'appui qui permettront de construire des apprentissages solides.

Afin d'accompagner au mieux l'élève, une **attention particulière doit être portée à l'explicitation des stratégies et des raisonnements déployés.** Petit à petit, la résolution par essai-erreur doit être abandonnée au profit d'une visualisation de ce qui est attendu, de ce qui doit être fait. On privilégie alors l'anticipation, l'organisation et la planification tout en limitant les réponses impulsives. Réfléchir avant d'agir, raisonner pour solutionner.

---

1. https://cache.media.eduscol.education.fr/file/A-Scolarite_obligatoire/24/5/Programme2020_cycle_2_comparatif_1313245.pdf
2. Vermersch Pierre, *L'Entretien d'explicitation*, ESF éditeur, 2019.

Petit à petit, l'élève sera capable de suivre les étapes qui l'aideront à développer un raisonnement construit et efficace :

Analyse de la situation
↓
Élaboration et planification d'un plan
ou d'une méthode de résolution
↓
Résolution étape par étape
↓
Vérification et validation

Les **fonctions exécutives** sont au cœur des stratégies de raisonnement. Les activités de ce fichier vont permettre d'influer sur le fonctionnement global et l'éducabilité cognitive de l'élève. Le **contrôle inhibiteur** et la **flexibilité cognitive** vont favoriser la mise en place de stratégies de planification, d'organisation, de jugement et de raisonnement.

Les fiches ne sont pas destinées à être utilisées de manière linéaire. Il sera nécessaire de **cibler les besoins de chaque enfant**, les difficultés à surmonter, avant de sélectionner les fiches correspondant à la ou les compétences que l'on souhaite développer. Un **tableau récapitulatif** permet à l'enseignant de sélectionner les activités qu'il/elle souhaite proposer en fonction de la ou des compétences ciblées (voir page suivante).

« QUELQUES DÉFINITIONS

Nous vous proposons quelques définitions pour vous aider à comprendre le vocabulaire que vous rencontrerez au fur et à mesure des séries de fiches.

Les fonctions exécutives. Elles font référence à un ensemble de processus mentaux qui permettent à une personne de s'adapter au contexte en agissant de façon organisée et réfléchie. Les fonctions exécutives regroupent de nombreuses compétences comme la flexibilité mentale, le contrôle inhibiteur, la planification, la mémorisation, la supervision attentionnelle, la régulation émotionnelle. Toutes ces compétences vont permettre un traitement cognitif efficace des informations pour atteindre le but visé.

Le contrôle inhibiteur. Ce terme désigne la capacité à contrôler ou bloquer des réponses ou des stratégies de pensée spontanées. Ces réponses impulsives ou automatiques peuvent être contrôlées en résistant aux informations non pertinentes ou aux stimuli externes, ou encore en régulant ses réactions émotionnelles.

La flexibilité cognitive ou flexibilité mentale. Elle regroupe l'ensemble des capacités permettant à une personne de faire preuve de souplesse pour comprendre et réagir face à une situation. Changer de tâche, adapter une stratégie, passer d'une tâche à une autre, envisager plusieurs possibilités sont autant de processus intentionnels qui permettent à un individu de réguler sa pensée et ses actions.

La pensée catégorielle. C'est une forme de pensée qui permet d'effectuer des classements logiques. Les regroupements peuvent s'opérer selon des critères différents, les objets, éléments ou images devant simplement avoir une propriété commune.

La flexibilité mentale. C'est une fonction exécutive qui permet à notre cerveau d'adapter nos comportements ou notre raisonnement à une situation nouvelle. Liée au raisonnement fluide, la flexibilité mentale nous permet d'ajuster nos façons de penser aux changements ou aux contraintes d'une situation. Cette souplesse acquise nous aide également à passer plus facilement d'une tâche cognitive à une autre.

La capacité d'inhibition. Elle englobe le contrôle des réponses impulsives et des automatismes, et la résistance aux interférences et aux informations non pertinentes.

Le raisonnement inductif. Construit à partir d'une observation du concret, le raisonnement inductif permet de remonter des effets à la cause, d'établir des conclusions après avoir élaboré différentes théories ou hypothèses.

La conceptualisation. Terme qui désigne la capacité à se construire une représentation mentale et abstraite d'un objet, et à organiser ces représentations en concepts ou en ensemble de concepts.

La prise d'indices. Cela consiste à sélectionner les informations pertinentes pour construire son raisonnement.

La démarche de recherche. Les élèves questionnent le monde réel pour résoudre des problèmes mathématiques. Par l'observation et l'expérimentation, ils dégagent et explicitent les méthodes employées.

L'anticipation. C'est la capacité à prévoir les obstacles éventuels.

La planification. C'est la capacité à prévoir les étapes de réalisation d'une activité ou d'une démarche.

Le raisonnement déductif. C'est un raisonnement qui permet de combiner plusieurs données pour aboutir à une conclusion logique.

Le subitizing. C'est un processus de perception automatique des petites quantités, la capacité d'énumération mentale immédiate des unités jusqu'à 3, selon Rémi Brissiaud[3].

Le complément d'un nombre. Le complément représente la quantité manquante qui permet d'atteindre un nombre donné.

« PREMIÈRE PARTIE : LE RAISONNEMENT VISUOSPATIAL ET TEMPOREL

40 fiches déclinées autour de 10 compétences travaillées en une activité de déclenchement (activité à vivre) et de 3 fiches d'entrainement (3 niveaux de difficulté).

Reportez-vous au sommaire des ressources numériques pour savoir quelles sont les fiches qui nécessitent une fiche en couleur pour l'activité, du matériel à imprimer et, ou une version corrigée que vous pourrez projeter en classe ou imprimer si besoin.

3. https://clairelommeblog.wordpress.com/2017/07/20/le-subitizing-selon-brissiaud/

Compétences à développer chez l'élève	Objectifs	Séries*		
		Première partie : le raisonnement visuospatial et temporel	Deuxième partie : le raisonnement verbal	Troisième partie : le raisonnement logicomathématique
Attention	• Centrer son attention sur les informations pertinentes • Décentrer son attention des informations qui pourraient perturber le processus de raisonnement		Série 3 Série 4 Série 6 Série 8	Série 3 Série 5 Série 7 Série 8
Image mentale et formation de concepts	• Analyser les propriétés spatiales • Générer une image mentale pour anticiper, mémoriser, effectuer des transformations, des rotations, un enchainement d'actions	Série 2 Série 4 Série 5 Série 6 Série 7 Série 9	Série 1 Série 4 Série 7	Série 1 Série 4 Série 8 Série 9
Mémorisation	• Conserver à l'esprit les éléments pertinents d'une situation • Mettre en relation ces éléments pour définir un plan d'action	Série 1	Série 3 Série 5	
Planification	• Mettre en œuvre et construire des stratégies • Élaborer un plan d'action	Série 3 Série 8 Série 10	Série 5 Série 6 Série 9	Série 1 Série 2 Série 3 Série 5 Série 6 Série 10
Flexibilité mentale	• Parvenir à changer de stratégie mentale en cours de tâche • Passer d'une opération à cognitive à une autre durant le processus de raisonnement		Série 2	Série 2 Série 5
Contrôle inhibiteur et régulation des émotions	• Gérer les réponses impulsives en les confrontant aux contraintes de la situation		Série 2 Série 7 Série 8	Série 6 Série 9

* : Une série comporte l'activité de mise en situation (activités à vivre décrites dans le guide pédagogique) et les 3 ou 4 fiches à photocopier).

Certaines séries peuvent être répertoriées sous plusieurs compétences.

< JE RAISONNE DANS L'ESPACE ET DANS LE TEMPS

SÉRIE 1 : Observer et prendre des indices

Activité à vivre n° 1 : Décor et mise en scène

1- Mise en situation (collective ou par petits groupes de 4 élèves)
Réaliser un décor et une mise en scène en s'inspirant de celle proposée ci-contre :

Ce qu'il est important de faire figurer : X personnages aux tenues différentes, dans des positions différentes. X éléments de décor (par exemple palmiers, maison, rochers, animal...). Plus la scène sera complexe (composée d'un grand nombre d'éléments variés) et plus l'activité de mémorisation sera difficile. La scène est donc à adapter aux niveaux des élèves.
2- Matériel : Lego®, Playmobil®...
3- Temps : prévoir 20 à 30 minutes pour que plusieurs élèves puissent participer à l'activité.
4- Consigne et descriptif de l'activité :
1 – Faire observer le décor construit. Prendre le temps de noter mentalement la disposition de chaque élément.
2 – Demander à l'élève de sortir de la pièce.
3 – Modifier le décor en retirant ou en déplaçant un élément (cette action peut être faite par l'adulte ou par un autre élève).
4 – Faire revenir l'élève et lui demander d'observer et de retrouver ce qui manque ou ce qui a été déplacé.
5- Variante : faire de même en effectuant un plus grand nombre de modifications ou en proposant une scène plus complexe.

Les fiches de la **série 1** font appel aux capacités d'observation de l'élève. En cachant l'image des fiches 1 et 2, on développe également la mémorisation.

Fiche 1 : Le détail manquant (*)

Afin de développer les capacités de mémorisation de l'élève, plier la feuille sous la grande illustration et demander à l'élève de l'observer attentivement pendant 20 à 30 secondes. Retourner ensuite la feuille afin de faire apparaitre les images de la partie inférieure ainsi que l'activité à réaliser. Décrire les images, observer qu'un élément semble manquant et réaliser l'activité. Corriger en se référant à la grande illustration modèle.

Fiche 2 : Une histoire de couleur (**)

Cette fiche est à télécharger en couleur dans les ressources numériques pour faire l'activité.

Comme pour la fiche précédente, plier la feuille sous la grande image et laisser un temps d'observation. Retourner ensuite la feuille pour faire apparaître les images de la partie inférieure et découvrir l'activité à réaliser. Noter les éléments dont la couleur a été modifiée (pour les élèves en difficulté, on peut proposer de faire entourer l'élément sur l'image et de recourir à une dictée à l'adulte ou à une copie de mot pour la partie écrite de l'activité). Si les élèves se trouvent en difficulté après un premier temps de mémorisation, il est possible de proposer un second temps d'observation/mémorisation de l'illustration modèle.

Fiche 3 : Tout est mélangé ! (***)

Télécharger la fiche en couleur dans les ressources numériques pour faire l'activité.

Ici, l'élève va devoir mémoriser deux informations sur chaque carte : les animaux représentés et leur couleur. Pour chaque carte : proposer un temps d'observation avant de cacher la carte à l'aide d'une feuille, puis entourer, parmi les 2 ou 3 animaux proposés, celui n'ayant rien en commun avec un des éléments de la carte (ni l'animal, ni une des couleurs). Un second temps d'observation/mémorisation peut être proposé aux élèves qui en ont besoin.

SÉRIE 2 : Anticiper et gérer des contraintes spatiales

Activité à vivre n° 2 : Tangram

1- Mise en situation (individuelle ou en binôme)
2- Matériel : pièces de Tangram à découper (1 par élève) (Matériel activité 2 ; Activité 2)
Pièces de Tangram de 4 couleurs si vous disposez de ce matériel en classe (2 petits triangles, 1 vert et 1 bleu, 1 triangle moyen rouge, 2 grands triangles (1 jaune et 1 rouge), un parallélogramme bleu et un carré jaune).
3- Temps : entre 20 et 30 minutes. Certains enfants iront très vite, d'autres feront de nombreux essais.
4- Consignes et descriptif de l'activité : « À l'aide des pièces de Tangram à ta disposition, construis ces formes. Attention, des pièces de même couleur ne doivent jamais se toucher ! »
5- Variante : « Tu peux colorier la fiche pour garder une trace de tes réponses. »

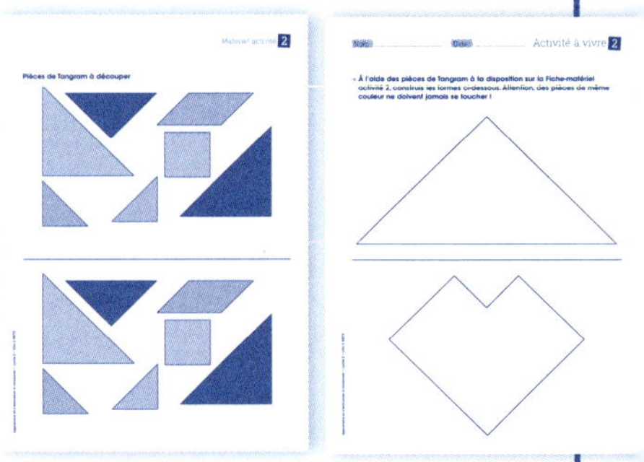

Les fiches de la **série 2** encouragent l'élève à prendre en compte des contraintes spatiales et à visualiser une figure.

Fiche 4 : Problème de voisinage (1) (*)

Chaque propriété possède un jardin que l'élève doit colorier. L'élève ne dispose que de 3 couleurs pour 4 jardins. 2 couleurs identiques ne doivent pas se toucher. Lors de la phase de recherche, on peut proposer aux élèves de placer des cubes de couleur dans les jardins avant de colorier.

Fiche 5 : Problème de voisinage (2) (**)

Le matériel en couleur est à télécharger avant de faire l'activité (Fiche-matériel 5).

Veillez à ce que le découpage des formes de la Fiche-matériel 5 soit correctement réalisé pour éviter les erreurs de positionnement.

Plusieurs réponses sont possibles. Pour les élèves en difficulté face à cette activité, il est possible de positionner les premières pièces avec lui en s'appuyant sur le corrigé proposé.

Fiche 6 : Problème de voisinage (3) (***)

L'élève dispose de 3 couleurs pour des figures ayant de 6 à 8 zones. Là encore, il doit veiller à ce que deux couleurs identiques ne se touchent pas. Lors de la phase de recherche, proposer aux élèves de placer des cubes de couleur dans les différentes zones avant de colorier.

SÉRIE 3 : Définir l'étendue des possibles

Activité à vivre n° 3 : la salle de classe

1- Mise en situation (par groupes de 4 élèves minimum) : 3 élèves à positionner sur les chaises et 1 ou plusieurs autres cherchant les différentes combinaisons de placements possibles.
Si l'espace le permet, proposer cette activité simultanément à plusieurs groupes d'élèves.
2- Matériel : 3 chaises par groupe.
Aligner 3 chaises dans un espace dégagé afin que les élèves puissent changer de chaise en fonction des indications du meneur de jeu.
Utiliser la fiche proposée pour permettre aux élèves de consigner leurs réponses : Activité 3
3- Temps : 15 minutes.
4- Consignes et descriptif de l'activité : « Tu as à ta disposition 3 chaises et 3 camarades. Trouve toutes les combinaisons de placements. Tu peux écrire le prénom ou l'initiale de tes camarades sous chaque chaise pour garder une trace de tes propositions. »

Dans les fiches de la **série 3**, l'élève va progressivement passer d'une stratégie par essai/erreur à une stratégie par planification. On va amener progressivement l'élève à percevoir à l'avance les étapes qui permettront de réaliser une tâche. **Dans le raisonnement visuospatial, cette planification va permettre une meilleure visualisation et une meilleure anticipation.**

Cette série comporte volontairement un nombre plus grand de fiches car cette compétence possède une composante « répétition et entrainement » non négligeable pour être développée.

Fiche 7 : Range ta chambre ! (*)

Avant de faire l'activité, faire découper les 3 meubles de la fiche matériel (Fiche-matériel 7).

Inviter les enfants à essayer de trouver toutes les combinaisons pour placer ces 3 meubles dans la chambre. Puis, leur demander de coller les petites vignettes des meubles dans le tableau. Pour finir, les enfants collent les meubles dans la chambre selon leur préférence.

Il y a 6 combinaisons possibles. Dans les corrigés, deux combinaisons ne sont pas représentées : lit/miroir/table de chevet ; table de chevet/miroir/lit.

Fiche 8 : Décollage imminent ! (**)

Pour cette fiche, il est possible de proposer aux élèves des cubes ou des jetons de 3 couleurs à manipuler afin de les aider dans leurs recherches.

Des casques d'astronautes sont à télécharger et à découper (Fiche-matériel 8) le cas échéant. Les casques peuvent être collés directement sur la fiche pour valider les différentes combinaisons possibles, mais on peut également faire colorier les hublots de trois couleurs différentes ou faire coller des petites gommettes rondes.

Fiche 9 : À la cantine (**)

Il est demandé à l'élève de constituer 4 menus différents. 8 sont en réalité possibles (voir corrigé dans les ressources numériques). Des étiquettes de manipulation permettront à l'élève de mieux visualiser ses menus et de procéder à des échanges et des modifications rapides (Fiche-matériel 9).

Pour compléter le menu, l'élève s'aide des images de référence en haut de la fiche. Les mots sont écrits en cursive afin d'éviter les difficultés éventuelles de copie. Pour les élèves en difficulté face à l'écrit des étiquettes-mots à coller sont proposées en téléchargement.

Fiche 10 : À vos marques, prêts, partez ! (***)

8 combinaisons sont possibles. Pour aider l'élève à les visualiser, des étiquettes « animaux » et mots sont proposées (Fiche-matériel 10). On peut proposer une première recherche individuelle ou en binômes afin de lister toutes les combinaisons trouvées (sans proposer le tableau de la fiche). Le tableau et la préinscription du mot « girafe » permet en effet d'aiguiller et d'organiser la démarche à suivre. On peut revenir avec les élèves sur l'aspect méthodique de l'activité (chercher toutes les combinaisons où la girafe est en premier, puis celles où elle est en deuxième position, etc.). Procéder ainsi permet de n'oublier aucune combinaison et évite de ne travailler que par essai/erreur.

Dans le tableau, les élèves peuvent coller les étiquettes animaux ou les étiquettes mots.

SÉRIE 4 : Composer et décomposer mentalement une figure

Activité à vivre n° 4 : Le marchand de pièces

1- Mise en situation : un ou deux élèves par construction.
Les élèves disposent d'un modèle à reproduire. Ils viennent passer commande auprès de l'enseignant en demandant les pièces qui, selon eux, composent leur modèle et permettront de le reproduire (le rôle du marchand peut également être tenu par un élève et, dans ce cas, on peut répartir les élèves en binômes et échanger les rôles entre chaque construction).

2- Matériel : Des pièces de Lego® simples de plusieurs couleurs (briques de 2, 4, 6, 8).
Activité 4 ; Matériel Activité 4

3- Temps : 30-40 minutes selon la difficulté du modèle à reproduire (à plat ou en volume).

4- Consignes et descriptif de l'activité : « Observe le modèle et passe commande auprès du marchand. Attention ! Tu dois demander l'ensemble des pièces nécessaires en une seule commande. »

5- Variante : Pour cette mise en situation, on peut aussi utiliser des cubes de couleur, des pièces de Tangram, d'Attrimaths[1] ou tout autre matériel géométrique de la classe. Le modèle peut être construit à plat ou en volume pour augmenter la difficulté.
Le modèle peut être construit à plat ou en volume pour augmenter la difficulté.

1. Attrimaths : mosaïques colorées de forme géométrique

Les fiches de la **série 4** encouragent l'élève à visualiser les différents éléments qui composent une image ou une figure.

Fiche 11 : Le dessinateur (*)

Cette fiche de niveau 1 est plus concrète et accessible que la fiche 12.

Sur la fiche 11, les images proposées sont incomplètes. L'élève doit dessiner la partie manquante du dessin. S'appuyer sur la verbalisation et demander aux élèves de dire ce qu'ils ont dessiné et à quoi sert la partie manquante (le manche du parapluie qui sert à le tenir, etc.).

Fiche 12 : L'architecte (*)

Cette fiche permet de travailler la même compétence que la fiche 11 à partir d'éléments plus abstraits et faisant appel à des concepts géométriques. Les pièces qui composent le modèle ont subi une rotation afin d'obliger l'élève à envisager chaque forme sous différents angles. Il est intéressant de rappeler les propriétés des figures planes avant de commencer l'activité.

Fiche 13 : Le rectangle parfait (**)

La construction du rectangle se fait ici mentalement. Aucune manipulation n'est requise. L'élève doit observer les pièces afin de trouver et d'associer les éléments qui peuvent être emboités.

Fiche 14 : Superposition (1) (***)

Comme pour les fiches 11 et 12, les fiches 13 et 14 se complètent et peuvent être proposées successivement.

Cette fiche 14 s'appuie sur une manipulation et la possibilité de tester les différentes superpositions. Télécharger et imprimer la fiche en couleur et la Fiche-matériel 14. En superposant les 5 carrés de couleur, l'élève doit réaliser les 4 figures proposées en modèle. Faire coller les carrés sur la fiche ou simplement « cocher » les modèles que l'élève est parvenu à réaliser.

Fiche 15 : Superposition (2) (***)

La superposition se fait ici mentalement, aucune manipulation n'est requise. L'élève doit observer la construction des modèles et définir l'ordre dans lequel les différentes pièces ont été disposées pour le réaliser. Il est intéressant de faire décrire les modèles en faisant verbaliser les élèves sur la pièce qui se trouve en dessous, au-dessus, etc.

SÉRIE 5 : Ordonner et séquencer une action

Activité à vivre n° 5 : J'observe mon quotidien

1- Mise en situation : individuelle.

2- Matériel : Lors d'une activité faite en classe, l'enseignant aura pris soin de prendre les différentes étapes en photo.
Pour les plus jeunes, on peut prendre différents moments de la journée ou celles de la réalisation d'une recette.
Pour les plus grands, on peut choisir de séquencer une construction, une tâche scolaire (quelles sont les étapes pour mon activité d'écriture ? Pour écrire les devoirs dans mon cahier de textes ? Pour relire et corriger ma dictée ?...).
Plus le nombre d'étapes est grand, plus la difficulté est accrue. Plus les activités choisies sont proches du vécu des élèves, plus la tâche est simple, plus on s'en éloigne, plus elle est complexe.
Les images d'une même séquence sont marquées par un symbole identique pour éviter les mélanges d'étiquettes.

3- Temps : variable en fonction du niveau des élèves et du nombre de photos à ordonner.

4- Consignes et descriptif de l'activité : « À partir des photos prises par ton enseignant, retrouve et ordonne les différentes étapes de cette activité. »

Les fiches de la **série 5** permettent de travailler le découpage temporel d'une action, d'un évènement. Elles encouragent l'élève à séquencer et à ordonner les étapes d'une histoire ou d'un mouvement. Les images à découper et à ordonner sont disponibles dans les ressources numériques (Fiche-matériel 16, Fiche-matériel 17, Fiche-matériel 18).

Fiche 16 : Avant/après (*)

Ici, le dessin de l'étape centrale est donné. L'élève doit donc trouver ce qui se passe avant et après.

Pour accroitre la difficulté, il est possible de donner toutes les images à l'élève. Celui-ci devra alors sélectionner les deux images qui complètent la séquence avant de les positionner. Il est important de faire décrire la séquence complète une fois celle-ci terminée en insistant sur l'utilisation des **connecteurs temporels** (puis, ensuite, après, alors, enfin...).

Fiche 17 : Les étapes du récit (**)

Pour chaque ligne, ne prendre que les 4 images de la séquence concernée (un symbole permet d'identifier les images et la ligne correspondante). Comme précédemment, **l'étape de verbalisation est essentielle** et permet à l'enseignant de vérifier la compréhension de l'élève et à ce dernier de s'exprimer sur la succession et les liens entre les différentes étapes de la séquence.

Fiche 18 : Les étapes du mouvement (***)

Dans cette fiche, la succession des images fait référence à la décomposition d'un mouvement. L'élève va donc devoir **se représenter mentalement** les différentes étapes avec les images à découper. Pour chaque ligne, ne prendre que les 4 images de la séquence concernée (un symbole permet d'identifier les images et la ligne correspondante).

SÉRIE 6 : Associer deux éléments

Activité à vivre n° 6 : Les silhouettes

1- Mise en situation : petits groupes de 2, 3 ou 4 élèves selon le nombre d'éléments présents sur la feuille.
2- Matériel : réunir des petits objets de la classe tels que ciseaux, ruban adhésif, bouchons de bouteille, surligneur, gomme, etc. Dessiner leur silhouette sur une affiche. Prévoir une feuille affiche par groupe de 3 ou 4 élèves.

3- Temps : 10 à 15 minutes pour l'activité de groupe sur la feuille affiche et 15 minutes pour l'activité en binôme sur ardoise (variante).
4- Consigne et descriptif de l'activité : « Replace chaque objet sur sa silhouette. »
5- Variante : dans un deuxième temps, vous pouvez proposer aux élèves de construire eux-mêmes une feuille de silhouettes d'objets qu'ils proposeront à leurs camarades. Il est possible de mettre les élèves en binômes. Le premier trace le contour d'un objet de la classe sur son ardoise et le second doit retrouver l'objet avant d'échanger les rôles.

Dans les fiches de la **série 6**, l'élève va progressivement devoir affiner son observation pour prendre des indices de plus en plus précis.

Fiche 19 : Les ombres (1) (*)

L'élève doit associer les ombres aux feuilles correspondantes. Les étiquettes à découper sont disponibles dans les pages matériel (Fiche-matériel 19).

Fiche 20 : Les ombres (2) (**)

Ici, l'élève doit relier les ombres aux feuilles correspondantes. Les ombres de la colonne de droite ont subi une rotation. L'élève doit donc s'attacher à la forme et non à la position.

Fiche 21 : Le trousseau de clés (***)

En observant chaque serrure, l'élève doit entourer la clé correspondante. Faire observer et décrire les différentes clés avant de commencer. Pour les élèves en difficulté, proposer d'éliminer les clés précédemment entourées afin de restreindre le choix.

SÉRIE 7 : Observer selon des points de vue variés

Activité à vivre n° 7 : Le photographe

1- Mise en situation : par groupes de 4 élèves.
Choisir plusieurs lieux de l'école à photographier (escalier, toboggan, bibliothèque...) puis placer un groupe de 4 élèves dans chaque lieu.
2- Matériel : photos de divers endroits de l'école ou objets de la cour. Il faut veiller à prendre des photos du même endroit en changeant de place (et donc de point de vue).
Rassembler ces photos numériques par séries de 5 sur des feuilles A4.
Laisser de la place autour de chaque photo pour que les enfants puissent placer une gommette pour indiquer la position du photographe.
Prévoir autant de séries de photos que de groupes de 4 élèves.
Prévoir des gommettes numérotées de 1 à 5.

3- Temps : 15 minutes par lieu.
4- Consignes et descriptif de l'activité : « Place une gommette sur chaque photographie pour indiquer où se trouvait le photographe. »
5- Variante : Proposer aux enfants répartis en 2 groupes de faire un reportage photo dans l'école ou dans la classe. Demander ensuite au 2e groupe de deviner où était le photographe.

Dans les fiches de la **série 7**, on peut aider l'élève en difficulté en lui faisant reproduire les constructions avec de vraies pièces de Lego® et en le faisant se placer comme chaque enfant sur la fiche.

Télécharger et imprimer la fiche et le matériel couleur pour chaque fiche 22, 23, 24.

Fiche 22 : Les constructions (1) (*)

Avant de débuter l'activité, il est intéressant de faire décrire la construction aux élèves. S'assurer que tous visualisent que certaines pièces sont cachées par d'autres. Compter le nombre de pièces de chaque couleur. Si l'on possède des Lego® en classe, le travail par groupes de 4, sur une construction « réelle » est intéressant.

Fiche 23 : Les constructions (2) (**)

S'assurer au préalable que le vocabulaire lié aux points de vue est maitrisé.

Fiche 24 : Les constructions (3) (***)

L'élève doit ici dessiner des tours de couleur en tenant compte des indications données par les deux enfants. Il doit donc se mettre à la place des personnages et visualiser quelles sont les tours qui peuvent en cacher d'autres. Si les élèves éprouvent des difficultés à visualiser ce que peuvent voir les personnages, il peut être intéressant de faire réaliser cette fiche en binôme avec de vraies briques de Lego® (ou des cubes colorés emboitables). Les deux élèves se placent de part et d'autre d'une table à hauteur des tours (les petites tours ne sont alors plus visibles lorsqu'elles se trouvent derrière une tour plus grande). Les élèves disposent de 4 tours (tours composées de 1 à 4 cubes). Attention, il est important de ne jamais dissocier les cubes d'une même tour. On déplace donc toute la tour de manière à ce qu'elle vienne cacher tout ou partie de la tour qui se trouve derrière elle.

SÉRIE 8 : Observer et anticiper des actions

Activité à vivre n° 8 : Le morpion

1- Mise en situation : par équipes de 2 ou 3 joueurs.
Prévoir un espace suffisamment grand (cour de récréation, préau ou gymnase) afin que les équipes puissent courir avant d'atteindre la grille dessinée au sol.
2- Matériel : dessiner un quadrillage de 9 emplacements au sol à la craie ou en plaçant 9 cerceaux.
3 foulards de couleur différente, ou autres objets à déposer sur les emplacements.
3- Temps : 20-30 minutes.
4- Consignes et descriptif de l'activité : « Au signal, le premier joueur de chaque équipe s'élance pour placer son foulard sur l'un des 9 emplacements. »
Dès que le premier joueur de l'équipe revient, un autre membre de l'équipe peut se déplacer pour déposer un foulard sur un autre emplacement.
À l'issue du premier passage de tous les membres d'une même équipe, si aucune équipe n'est parvenue à aligner 3 foulards, le relai se poursuit et un joueur s'élance pour déplacer un foulard de son équipe, jusqu'à ce qu'une des 2 équipes soit parvenue à aligner ses 3 foulards. La première équipe qui aligne 3 foulards de sa couleur a gagné !
5- Variante : matérialiser un quadrillage de 5 par 5 (25 emplacements) et jouer selon les règles du jeu Puissance 4®. L'équipe constituée pourra comporter plus de joueurs. Les foulards (ou autre objet choisi) seront en nombre suffisant et ne pourront être déplacés une fois placés[1].

1. Exemple en vidéo : https://www.koreus.com/video/echauffement-handball-morpion.html

Pour les fiches de la **série 8**, il peut être intéressant d'utiliser les véritables jeux (Puissance 4®, jeu du moulin, abaques). Le jeu du moulin est un jeu dont le plateau est facile à réaliser soi-même (Fiche-matériel 26).

Fiche 25 : Le coup gagnant (1) (*)

L'idéal pour cette activité est bien sûr de travailler directement avec un véritable jeu de Puissance 4®. Les règles du jeu doivent être connues et maitrisées. Dans les 6 configurations proposées, c'est aux rouges de jouer. Faire observer la grille et hachurer en rouge le coup suivant (celui qui permettra de remporter la partie).

Fiche 26 : Le coup gagnant (2) (**)

Les règles du jeu du moulin doivent être connues et maitrisées (voir consigne de la fiche). Les grilles proposées ici sont des jeux en cours. Dans ces configurations de jeu, c'est aux noirs de jouer. Le coup suivant est un coup de glissement (un des pions noirs doit être déplacé le long d'une ligne, d'une intersection à l'autre). Faire observer la grille et marquer d'une flèche le déplacement du pion permettant de remporter la partie. En prolongement de la fiche, faire construire aux élèves une réplique de ce jeu leur permettant de jouer en classe ou à la maison (Fiche-matériel 26 pour le plateau de jeu).

Fiche 27 : Le chemin du loup (***)

Télécharger et imprimer la fiche couleur. Proposer un pion que l'élève pourra déplacer de case en case si besoin. Le personnage du loup se déplace sur la grille en suivant toujours la même séquence de couleurs. Attention, le déplacement en diagonale n'est pas autorisé. S'assurer que cette séquence de couleurs est mémorisée.

Fiche 28 : La Tour de Londres (***)

Télécharger et imprimer la fiche couleur. Pour cette activité, proposer une manipulation préalable avec des abaques (rappeler que le nombre de perles est limité à 1 sur la 1re branche, 2 sur la 2de, 3 sur la 3e). Sur la fiche, l'élève peut matérialiser les déplacements par des flèches. Il est possible de refaire cette activité en essayant de réduire le nombre de déplacements effectués.

SÉRIE 9 : Effectuer des rotations mentales

Activité à vivre n° 9 : La pièce manquante

1- Mise en situation : groupes de 4 élèves pour 3 ou 4 puzzles. Organiser une rotation pour permettre à tous les groupes de réaliser l'activité sur toutes les séries de puzzles.

2- Matériel : plusieurs puzzles de la classe (ou apportés par les élèves) d'environ 100 pièces.

Si les puzzles sont faits et qu'on retire 2 ou 3 pièces par puzzle, c'est plus simple. Pour avoir une difficulté supplémentaire, on peut juste retirer 2 ou 3 pièces de chaque boite et laisser les couvercles sur lesquels figurent les images des puzzles. Plus il y a de pièces dans les puzzles, plus le détail à trouver dans l'image est petit.

3- Temps : 5-10 minutes par série de puzzle.

4- Consignes et descriptif de l'activité : « Retire une pièce de chaque puzzle. Mélange les pièces retirées. Pioche une des pièces au hasard. Retrouve le puzzle auquel appartient cette pièce. Fais de même pour les autres pièces. »

Les fiches de la **série 9** encouragent l'élève à effectuer des **rotations mentales** (faire tourner mentalement l'image d'un objet).

Fiche 29 : La pièce perdue (*)

Certaines pièces sont en miroir. La forme semble donc correspondre à l'espace vide mais seule une rotation mentale va permettre de voir qu'elle ne s'imbrique pas.

On peut procéder par élimination et ne garder que les deux pièces qui semblent identiques.

Fiche 30 : Puzzle logique (**)

Veiller à ce que le découpage des pièces soit correctement réalisé (Fiche-matériel 30). Placer la pièce ronde sur une case du quadrillage. Chercher ensuite comment positionner les différentes pièces afin qu'elles recouvrent la totalité des cases restantes. La fiche peut être réalisée plusieurs fois en positionnant la pièce ronde à différents emplacements de la grille au début de l'activité ; plusieurs corrigés sont donc possibles.

Fiche 31 : Problème de jardinier (***)

Découper les 4 pièces (Fiche-matériel 31). Chacune des pièces doit être placée dans un angle du quadrillage (elles ne se superposent pas). L'élève doit donc les positionner de manière à ne laisser apparaitre que les coquelicots (et de manière à cacher les autres fleurs).

SÉRIE 10 : Se repérer sur un plan, suivre un parcours

Activité à vivre n° 10 : Un trésor dans la classe

1- Mise en situation : activité à faire en petits groupes dans la classe. Ou activité à faire à l'extérieur en divisant la classe en plusieurs petits groupes d'élèves.

2- Matériel : une boite ou une carte symbolisant un trésor a été cachée au préalable dans la classe (ou dans la cour). Le point de départ de l'élève est marqué d'une croix au sol.

3- Temps : à définir selon la difficulté du parcours.

4- Consignes et descriptif de l'activité : « Suis les indications et trouve le trésor caché dans la classe. »

Un seul élève réalise le parcours à la fois ; le trésor peut changer de place afin de proposer un autre parcours.

L'enseignant donne des indications orales. Exemples : « Fais 3 pas vers l'avant. Tourne-toi vers les fenêtres. Avance jusqu'à la chaise de X. Tourne-toi vers le tableau. Fais 5 pas chassés vers la droite », etc. jusqu'à ce que l'élève soit parvenu à l'emplacement du trésor.

5- Variantes :

• Préparer le trajet en amont. Noter sur des cartes de direction le nombre de pas à faire sur ardoise ou Post-it®. Leur utilisation permet de travailler sur le codage écrit d'un déplacement.

• Si l'école possède des robots éducatifs de programmation de type Blue Bot (pour en savoir plus : https://canope.ac-besancon.fr/codeetrobots/), cette activité peut servir de mise en situation intéressante.

Les fiches de la **série 10** vont amener l'élève à visualiser un espace et à s'y déplacer mentalement.

Fiche 32 : La liste de courses (*)

Faire lire la liste de courses de chaque personnage et suivre du doigt le parcours de ce dernier dans le magasin. Pour les élèves non-lecteurs, une liste imagée est disponible (Fiche-matériel 32). Tracer les parcours de deux couleurs différentes. **Prolongement :** en binôme, un élève rédige la liste de courses et le second trace le parcours (glisser la fiche dans une pochette plastique et faire tracer au feutre effaçable). Inverser les rôles. **Variante :** demander aux élèves de trouver pour chaque personnage le parcours le plus court possible.

Fiche 33 : Le parc d'attractions (**)

Pour remplir le tableau, l'enfant doit imaginer les attractions qu'il voit devant lui, à gauche et à droite quand il est assis sur chaque banc. Il notera le nom de chaque attraction dans le tableau dans la case correspondante.

Fiche 34 : Chemins possibles (***)

Il faut suivre les indications sur le plan pour retrouver dans quelle maison chaque enfant habite. Attention, aucun enfant ne revient sur ses pas pendant les trajets.

« DEUXIÈME PARTIE : LE RAISONNEMENT VERBAL

40 fiches déclinées autour de 10 compétences travaillées avec une activité de déclenchement (activité à vivre) et de 3 fiches d'entrainement (3 niveaux de difficulté).

‹ JE RAISONNE AVEC LES MOTS

SÉRIE 1 : Développer sa pensée catégorielle (1)

Activité à vivre n° 11 : Les déménageurs

1- Mise en situation : en classe entière ou avec un groupe d'élèves.
Chacun vient déposer les objets proposés dans les boites qui conviennent. Un retour collectif est à prévoir à la fin de l'activité afin de valider objet par objet le contenu de chaque boite. C'est sur ce temps que les élèves pourront réfléchir ensemble au nom à donner à chaque catégorie.

2- Matériel : 3 boites vides de type boites à chaussures ou cartons selon la taille des objets proposés pour le classement.
Des objets pouvant composer une série : objets pour écrire, objets pour compter, choses que l'on peut lire, figurines (animaux de la ferme, animaux de la jungle, fruits, légumes...) ; jeux pour la récréation...

Exemples d'objets à trier et catégories envisagées :
– Outils pour écrire : stylos, crayons, feutres, craies...
– Outils pour compter : matériel de numération utilisé en classe
– Choses que l'on peut lire : livres, magazines, recettes, notices, règles de jeux...
– Jeux pour la récréation : cordes à sauter, ballons, frisbees, cerceaux...

3- Temps : 30 minutes.

4- Consignes et descriptif de l'activité : « Aide la maitresse à ranger le matériel de la classe. Trie les objets en utilisant les boites à ta disposition. Explique pourquoi tu as réuni ces objets. Si on devait fermer ce carton et écrire ce qu'il contient, que pourrions-nous écrire ? »

5- Variante : si la classe possède des figurines, vous pouvez proposer un tri du type animaux de la ferme, insectes ou encore fruits/légumes, etc. Vous pouvez aussi ajouter des objets du quotidien comme les couteaux, fourchettes, verres, assiettes, cuillères, etc.

Les fiches de la **série 1** vont amener l'élève à opérer des associations et des groupements afin d'organiser les objets par catégories.

Fiche 35 : C'est dans la boite ! (*)

L'élève va être amené ici à regrouper des objets ayant une fonction commune (soigner ; manger ; bricoler ; coudre). Faire observer et nommer les 4 contenants proposés sur la fiche : boite à couture, boite à outils, glacière et boite de premiers secours. Faire ensuite découper les étiquettes (Fiche-matériel 35). S'assurer que chaque objet est connu des élèves. L'activité peut être réalisée même sans la maitrise du vocabulaire précis. En effet, les enfants de cet âge sont en capacité développementale d'opérer des catégorisations perceptives sur des objets concrets, en s'appuyant sur la forme, la matière, en faisant des rapprochements avec d'autres objets du même type. Faire verbaliser les indices pris et les stratégies employées.

Fiche 36 : Ça me fait penser à... (**)

L'activité proposée ici est très libre : l'élève est invité à dessiner ou écrire ce que certains mots évoquent chez lui. La phase orale de cette activité est bien sûr primordiale puisqu'elle va permettre d'expliciter les associations, d'effectuer les rapprochements entre les mots ou les éléments dessinés par l'élève et la situation. On peut également comparer les réponses proposées pour faire émerger les différences de ressentis ou de vécus face à certains sujets. Cette activité va aider l'élève à se construire une image du monde structurée et cohérente.

Fiche 37 : Les deux font la paire (***)

L'élève va devoir associer deux à deux les mots proposés tout en justifiant cette association. L'activité peut être poursuivie en demandant à l'élève de proposer d'autres mots permettant de compléter chaque catégorie.

SÉRIE 2 : Développer sa pensée catégorielle (2)

Fiche 38 : Catég'os (*)

Comme pour les fiches de la série 1, l'élève va être amené à effectuer des regroupements. La catégorie est donnée (inscrite sur la gamelle) et les mots à trier sont inscrits sur les os. Il est important d'encourager les élèves à justifier leurs choix et leurs associations.

Fiche 39 : Le mot étiquette (**)

Dans cette fiche, l'exercice est le contraire de la fiche 38 : il faut trouver le nom de la catégorie qui englobe les objets proposés. Pour les enfants ayant des difficultés dans le passage à l'écrit, ou même dans la réalisation de l'activité, des étiquettes à découper sont proposées (Fiche-matériel 39).

Fiche 40 : L'armoire à mots (***)

Cette fiche reprend l'ensemble des activités de catégorisation des précédentes fiches. L'élève doit ici effectuer des regroupements ET donner un nom à chaque catégorie. Les bocaux sont à découper (Fiche-matériel 40).

N. B : Les exercices de pensée catégorielle sont considérés comme réussis lorsque les catégories renvoient à des propriétés communes et que l'élève peut en expliciter le principe.

SÉRIE 3 : Développer sa flexibilité mentale et sa capacité d'inhibition des réponses impulsives

Activité à vivre n° 12 : Pas trop vite !

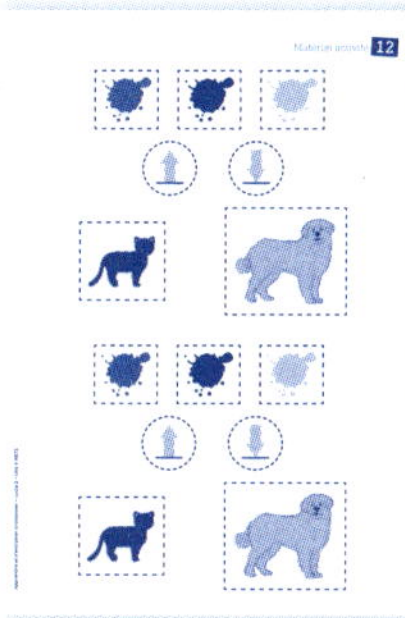

1- Mise en situation : Activité collective.

2- Matériel : fiche Matériel activité 12

Imprimer les 7 cartes de la fiche en les agrandissant.

3- Temps : 5 minutes.

L'activité peut être proposée sous forme de rituel. Une séance de quelques minutes chaque jour au retour de la récréation par exemple.

4- Consignes et descriptif de l'activité : « Écoute la consigne et pour chaque image, effectue l'action correspondante. »

Avant de présenter les images d'une série, rappeler les actions à faire devant la classe en montrant l'une après l'autre les cartes.

Expliquer aux enfants que l'action à faire est volontairement contraire à l'image de la carte. Leur expliquer que cet exercice va les entrainer à ne pas répondre de manière trop impulsive même si l'activité que vous leur proposez demande de la rapidité.

1re série : demander aux élèves de se lever quand vous montrez l'étiquette . Puis demandez-leur de s'assoir quand vous montrez l'étiquette .

2e série : demander aux élèves de dire « miaou » quand vous montrez l'étiquette . Puis demander aux élèves de dire « ouaf » quand vous montrez l'étiquette .

3e série : Demander aux élèves de dire « rouge » quand vous montrez l'étiquette noire. Demander aux élèves de dire « jaune » quand vous montrez l'étiquette rouge. Demander aux élèves de dire « noir » quand vous montrez l'étiquette jaune.

5- Variante : on peut laisser ces cartes à disposition dans le coin de retour au calme ou dans un espace dédié. L'activité peut alors être proposée comme un atelier individuel de manipulation et d'entrainement.

Les fiches de la **série 3** vont amener l'élève à **renforcer son contrôle inhibiteur**. Le cerveau associe une image à une action mais on va chercher ici à contrer cette association spontanée et quasi automatique. Ainsi, on va obliger le cerveau à adopter une autre réponse que la réponse impulsive, à raisonner avant d'agir. Les fiches de cette série sont volontairement plus nombreuses que celles des autres séries (habituellement au nombre de 3). En effet, c'est dans la répétition que ces activités prennent sens. C'est aussi pour cette raison que **l'activité à vivre est proposée sous forme de rituel.** Dans ce cadre, il est donc intéressant de proposer ces fiches plusieurs fois pour **permettre à l'élève d'augmenter sa vitesse de réponse** et donc de **gagner en fluidité et en flexibilité**. Il est inutile d'instaurer une compétition de vitesse entre pairs. Ici il est plutôt **question d'améliorer son temps et sa capacité d'inhibition personnels**. On peut ajouter un chronomètre pour visualiser les progrès au fil des essais.

Vous trouverez dans les ressources numériques des fiches-matériel pour pratiquer à l'oral en classe avec les dessins à afficher les activités des fiches 41 à 44.

Fiche 41 : Le bon geste (1) (*)

Dans cette fiche, la consigne est visuelle et la réponse attendue est gestuelle (deux consignes et deux gestes associés). L'élève réalise les actions ligne par ligne et dans le sens de lecture. L'activité peut être réalisée individuellement ou en binôme (le camarade réalisant un contrôle, une validation).

Fiche 42 : Le bon geste (2) (*)

Dans cette fiche, une troisième consigne/action est ajoutée. L'activité suit la même logique que la fiche précédente.

Fiche 43 : Le bon mot (1) (**)

Dans cette fiche, la consigne est visuelle et la réponse attendue est verbale (deux animaux et deux verbes associés). L'élève réalise les actions ligne par ligne et dans le sens de lecture. L'activité peut être réalisée individuellement ou en binôme (le camarade réalisant un contrôle, une validation).

Fiche 44 : Le bon mot (2) (**)

Dans cette fiche, une troisième consigne/action est ajoutée. L'activité suit la même logique que la fiche précédente.

Fiche 45 : La bonne consigne (1) (***)

Dans cette fiche, l'élève va devoir effectuer une action graphique. Pour permettre la répétition et l'entrainement, il faut glisser la fiche dans une pochette plastifiée. L'élève pourra ainsi effacer et recommencer l'activité plusieurs fois. Pour répondre à la consigne, l'élève va devoir prendre des indices sur le positionnement des différents soleils afin de ne barrer que ceux qui se trouvent entre deux nuages. Les lignes ne forment qu'une seule action de lecture, les soleils ou nuages de fin de ligne sont donc considérés comme se trouvant juste avant l'image du début de la ligne suivante (sur les lignes 3 et 5, les soleils de début et de fin de ligne sont donc bien situés entre deux nuages).

Fiche 46 : La bonne consigne (2) (***)

L'activité suit la même logique que la fiche précédente.

Fiche 47 : Le test des tracés (***)

Le test des Tracés (*Trail Making Test*, ou TMT) est un test classique utilisé en neuropsychologie pour **évaluer globalement les fonctions exécutives**.

« Ce test se déroule en deux temps. Dans un premier temps, le sujet doit relier des nombres dans l'ordre croissant le plus rapidement possible (1-2-3-4...), et dans un second temps il doit procéÈder de la même manière mais en alternant des nombres et des lettres. Il s'agit donc de planifier en parallèle, mais de manière alternée, deux séries automatisées sans qu'elles interfèrent entre elles, en activant temporairement la séquence pertinente et en inhibant temporairement la seconde[4]. »

SÉRIE 4 : Prendre des indices, décrire, identifier

Activité à vivre n° 13 : La main dans le sac !

1- Mise en situation : collectivement ou en groupe restreint.
Placer au préalable un objet dans le sac sans que les joueurs vous voient.
2- Matériel : un ou plusieurs sacs en tissu opaque pouvant contenir les objets choisis.
Un bandeau pour masquer les yeux du joueur qui va devoir deviner les objets présents dans le sac.
Différents petits objets de différente nature, forme et taille (rond, carré, doux, dur, froid, lisse, rugueux...) afin de proposer l'activité à plusieurs élèves.
Exemples d'objets : stylos, trousse, gomme, trombone, aimant, souris, craie, gouter...
3- Temps : 15 minutes
4- Consignes et descriptif de l'activité : « Glisse ta main dans le sac. Identifie l'objet qui est caché dans le sac sans le sortir et en gardant le bandeau sur les yeux. »
Poser des questions afin que l'élève détaille les indices qu'il trouve au contact de l'objet.
Encourager l'enfant à décrire ses sensations, ses observations : c'est doux/dur/froid ; c'est rond/carré/plat, etc. Il ne doit donner le nom de l'objet qu'après avoir énoncé plusieurs indices sur l'objet mystère.
Quand l'enfant a deviné quel objet était caché dans le sac, c'est à lui de cacher un autre objet dans le sac sans être vu du reste du groupe.
5- Variante : proposer à celui qui a les yeux bandés de décrire ce qu'il ressent afin de faire deviner l'objet à ses camarades. Lui-même ne devant pas donner la réponse même s'il pense la connaitre. Seuls ses camarades peuvent proposer une réponse en se basant sur les sensations et observations de l'élève masqué. On peut également mettre plusieurs objets dans le sac et jouer en équipe. La première équipe ayant deviné le contenu intégral du sac remporte la partie.

Les fiches de la **série 4** vont amener l'élève à comprendre un énoncé et à y sélectionner les indices pertinents.

Fiche 48 : Devinettes (1) (*)

L'élève va devoir trouver l'animal décrit par chaque enfant (les descriptions peuvent être lues par l'adulte dans le cas d'élèves non-lecteurs). Quatre propositions sont faites mais, dans un premier temps, on peut plier la feuille afin de ne garder que la description sans voir les 4 propositions. Ainsi, les élèves peuvent formuler leurs propres hypothèses et confronter leurs idées. Les mots-clés de l'énoncé peuvent alors être surlignés avant de déplier la feuille et d'entourer l'animal correspondant parmi les 4 propositions. Attention ! Dans la devinette 1, il s'agit d'un manchot et non d'un pingouin qui, lui, sait voler ; dans la devinette 3, il s'agit d'un grillon et non d'une sauterelle qui, elle, sait voler. S'assurer que l'ensemble des animaux est connu des élèves avant d'entourer les réponses de chaque devinette.

Fiche 49 : Devinettes (2) (**)

Ici l'élève va devoir écrire le prénom de chaque enfant sur l'illustration représentant sa chambre. Pour savoir quelle est la chambre de chaque enfant, l'élève va devoir s'appuyer sur les informations données par chaque personnage. Comme pour la fiche précédente, on peut faire surligner les mots-clés de chaque énoncé (foot, clown, magie, etc.).

Fiche 50 : Devinettes (3) (***)

Dans cette dernière fiche, aucune proposition de réponse n'est faite. L'élève va devoir trouver seul la solution à chaque devinette. Pour les élèves en difficulté face à cette activité, des indices sont disponibles en bas de page. Les élèves plus à l'aise pourront plier la feuille pour cacher les indices pour ceux ne souhaitant pas être tentés de les utiliser.

En prolongement de cette activité, demander aux élèves d'écrire de nouvelles devinettes à proposer à une autre classe.

4. Déroulé du *Trail Making Test* et source de la citation : https://www.cite-sciences.fr/fileadmin/fileadmin_CSI/fichiers/vous-etes/enseignant/Documents-pedagogiques/_documents/Expositions-permanentes/Cerveau/cerveau-dossierenseignant-fonctionexe.pdf

SÉRIE 5 : Observer et verbaliser

Activité à vivre n° 14 : Jeu de mimes

1- Mise en situation : 2 équipes.

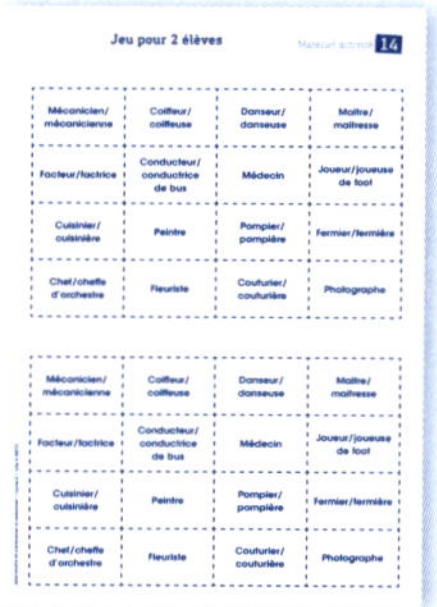

À tour de rôle, un élève désigné dans chaque équipe pioche une carte et mime le métier proposé. Ses coéquipiers devront deviner de quel métier il s'agit dans le temps imparti. Ils devront expliquer ce qui les a mis sur la piste, commenter les gestes réalisés... (« J'ai deviné qu'il avait un appareil photo parce qu'il le tenait devant lui et qu'il fermait un œil comme quand on prend une photo. »)

2- Matériel : cartes des métiers à imprimer et à découper (Matériel activité 14)
Chronomètre ou timer ou sablier.

3- Temps : entre 2 et 5 minutes par mime.

4- Consignes et descriptif de l'activité : « À tour de rôle, mime un métier ou devine le métier mimé par ton camarade. »

Listes des métiers proposés sur la fiche matériel : mécanicien/mécanicienne ; coiffeur/coiffeuse ; danseur/danseuse ; maitre/maitresse ; facteur/factrice ; conducteur de bus/conductrice de bus ; médecin ; joueur de foot/joueuse de foot ; cuisinier/cuisinière ; peintre ; pompier/pompière ; fermier/fermière ; chef d'orchestre/cheffe d'orchestre ; fleuriste ; couturier/couturière ; photographe.

5- Variante : proposer d'autres métiers.

Les fiches de la **série 5** vont amener l'élève à extraire des informations d'une image et à formuler des hypothèses, des observations sur celle-ci. Les fiches de cette série nécessitent un échange langagier entre les élèves et l'enseignant afin de **travailler sur l'explicitation**.

Fiche 51 : Dis-moi ce que tu portes, je te dirai ce que tu fais (*)

L'élève va devoir observer et décrire les accessoires et objets avant de les associer au métier correspondant. La phase d'explicitation est essentielle dans cette activité.

Fiche 52 : Quelque chose qui cloche (**)

Sur chaque illustration de cette fiche, un élément est absurde ou incohérent. L'élève va devoir décrire l'illustration et entourer ce qui ne va pas sur celle-ci. Là encore, la phase d'explicitation est essentielle dans cette activité pour justifier et corriger la situation représentée.

Fiche 53 : Qu'est-ce qui va se passer ? (***)

En observant les illustrations, l'élève va devoir formuler des hypothèses sur ce qui risque d'arriver dans chaque situation.

L'élève peut écrire sa réponse sous chaque illustration. Pour les élèves en difficulté face au passage à l'écrit, il est possible de recourir à une dictée à l'adulte. La phase d'explicitation permet là encore de s'assurer de la bonne compréhension de la situation et d'encourager les élèves à justifier leurs choix.

SÉRIE 6 : Observation et raisonnement inductif

Activité à vivre n° 15 : À vos places !

1- Mise en situation : Collectivement ou en groupe de 4 enfants.

2- Matériel : 1 banc.

3- Temps : 20-25 minutes.

4- Consignes et descriptif de l'activité : « Suis les indications pour trouver la place de chaque enfant sur le banc. »
Désigner 4 élèves et placer un banc devant eux. Les élèves devront s'asseoir à califourchon sur le banc et non côte à côte. Donner les indications de placement et laisser les enfants se placer sur le banc de manière à ce que chaque affirmation soit exacte. Répéter les indications autant de fois que nécessaire.

Exemples d'indications :

- W est devant Y. W ne peut voir A qu'en se retournant. W est assis derrière X. Y est assis entre W et Z.
Réponse : XWYZ.

- Y est assis entre Z et W. Z ne peut voir W qu'en se retournant. X est assis devant Z.
Réponse : XZYW.

5- Variante : D'autres indications peuvent être inventées : ajouter par exemple des indications de placement en fonction du sexe des enfants : « Y est assis devant une fille » ; ou de couleur de cheveux, d'accessoires : « X est assis derrière un enfant qui porte des lunettes. », etc.

Les fiches de la **série 6** vont amener l'élève à organiser progressivement les informations données pour mieux comprendre et interpréter une situation.

Fiche 54 : Menons l'enquête (*)

L'élève va devoir observer les personnages présentés dans la colonne de droite pour répondre à la question posée dans la colonne de gauche. Un « coupable » se trouve parmi les 3 suspects. Un indice permet de l'identifier clairement. Il est important de demander à l'élève de justifier son choix en précisant ce qui lui permet d'affirmer avec certitude que tel ou tel personnage est le personnage cible. **Réponses :** le tee shirt taché de fruits ; le footballeur sans son ballon ; les médailles portées par chaque concurrent ; les empreintes laissées dans la terre du potager.

Fiche 55 : Qui est qui ? (1) (**)

Cette fiche est la continuité directe de l'activité à vivre n° 15. En s'appuyant sur les indications fournies, l'élève va devoir retrouver l'identité de chaque enfant. On peut effectuer les recherches sur une ardoise avant d'écrire sur la fiche. Pour les élèves en difficulté, on peut écrire les prénoms sur des petits bouts de papier et les positionner et repositionner sur la fiche durant la phase de recherche. Faire oraliser les élèves à mesure qu'ils progressent afin de comprendre et de faire prendre conscience du raisonnement adopté (exemple : Si Léa ne peut voir Nadia qu'en se retournant alors Nadia ne peut pas être la fille assise à l'avant de la chenille. Il ne reste qu'une seule autre fille, etc.).

Fiche 56 : Qui est qui ? (2) (***)

Dans cette fiche, on cherche l'identité des différents chiens en s'appuyant sur les indications données. Pour aider l'élève à organiser son raisonnement, un tableau est proposé. Laisser un temps de réponse libre et observer comment chacun utilise le tableau. Mettre ensuite en commun les différentes manières de procéder et retenir un code commun (par exemple : mettre une croix lorsqu'on élimine un chien et un rond quand on est certain de l'identité d'un chien). Faire prendre conscience qu'il est inutile de vouloir absolument suivre l'ordre des indications. Parfois la clé se trouve dans la deuxième ou la troisième indication. Il ne faut donc pas hésiter à passer à l'indication suivante pour revenir plus tard sur l'une des premières.

SÉRIE 7 : Donner et suivre des indications

Activité à vivre n° 16 : Jeu des consignes

1- Mise en situation : par équipes de 5 (1 qui donne les indications à l'oral et 4 personnages maximum sur les cartes à reproduire).
Au préalable, **réviser le vocabulaire topologique** avec les élèves à savoir le vocabulaire permettant de définir des positions, des déplacements (notamment droite et gauche) qui, au-delà du raisonnement verbal, permet également de se déplacer dans l'espace et de se représenter mentalement les déplacements.

2- Matériel : cartes des silhouettes (Matériel activité 16)
3- Temps : 20-25 minutes.
4- Consignes et descriptif de l'activité : « À tour de rôle, tente de placer tes camarades comme sur l'image. Attention, les consignes doivent être données à l'oral, tu ne peux pas les toucher. »
5- Variante : placer un groupe de 2 ou 3 élèves d'un côté d'un meuble, d'un paravent, d'un tableau mobile. Leur proposer de prendre la posture de leur choix. De l'autre côté du meuble/paravent/tableau, placer un second groupe d'élèves qui devra se positionner comme le premier groupe en suivant les indications données par le reste des camarades.

Les fiches de la **série 7** vont amener l'élève à décrire des positionnements ou à tenir compte des indications pour appréhender une organisation spatiale.

Fiche 57 : La file d'attente (*)

L'élève va devoir identifier chaque personnage de la file d'attente et leur attribuer la bonne couleur (prévoir des crayons des 4 couleurs de la consigne). Pour cela, il va devoir suivre les indications de placement données (ici : devant, derrière, entre). Faire identifier « le premier » et « le dernier » de la file au préalable pour s'assurer de la bonne compréhension de l'aspect ordinal.

Fiche 58 : Le carré de fleurs (**)

Utiliser les mêmes 4 couleurs que dans la fiche précédente. Les indications de placement ne sont plus seulement linéaires, le vocabulaire « gauche, droite, haut, bas » doit être maitrisé.

Fiche 59 : La boite de chocolats (***)

La difficulté est accrue dans cette fiche puisque le nombre d'emplacements possibles est au nombre de 9. Au vocabulaire précédemment employé, s'ajoutent les termes « inférieur, supérieur, centre ». La notion de « colonne » doit aussi être maitrisée.

En prolongement de cette activité, proposer aux élèves de colorier à leur guise une boite de chocolats (en utilisant toujours les 4 mêmes couleurs), puis de décrire leur réalisation à un ou plusieurs camarades afin que ces derniers soient en mesure de la reproduire à l'identique.

SÉRIE 8 : Inhibition et conceptualisation

Activité à vivre n° 17 : La course aux objets

1- Mise en situation : collective.
2- Matériel : lister des thèmes possibles. Exemples de thèmes : écrire, alimentation, froid, propreté, lecture, nature, pointu, rond, mou, etc.
3- Temps : 20 secondes à chronométrer pour trouver un objet en lien avec le thème énoncé.
Prévoir un temps de mise en commun pour valider ou non les objets sélectionnés.
4- Consignes et descriptif de l'activité : énoncer le thème choisi. Au signal, les élèves ont 20 secondes pour apporter un objet : « Au signal, trouvez un objet en lien avec le thème énoncé. »
5- Variante : l'enseignant inscrit au tableau le thème choisi. Puis, il énonce une série de mots. Les élèves sont invités à frapper dans leurs mains à chaque fois qu'un mot énoncé correspond au thème.

Les fiches de la **série 8** vont amener l'élève à construire progressivement des concepts de plus en plus précis.

Fiche 60 : Du mot au concept (*)

Cette fiche propose de faire prendre conscience à l'élève qu'une même réalité peut englober plusieurs objets : c'est le premier pas vers la conceptualisation. Après avoir lu la définition, l'élève peut lister seul et oralement une série d'objets avant de réaliser l'activité et d'entourer les dessins correspondants à la définition. S'assurer au préalable que le vocabulaire est maitrisé. Dans le cas contraire, il devrait être en capacité de trouver, en l'observant, la fonction d'usage d'un objet dont le nom n'est pas connu (exemple : même si le mot « éventail » n'est pas connu, il pourra certainement dire que cet objet sert à « faire du vent » et qu'il faut « l'ouvrir, le déplier » avant de l'agiter).

Fiche 61 : Les listes (**)

Cette fois, c'est à l'élève de lister plusieurs objets pouvant être regroupés sous la même réalité. Pour les élèves en difficulté avec le passage à l'écrit, la dictée à l'adulte est possible. Prévoir un temps de mise en commun des différentes propositions afin d'élargir et d'enrichir les représentations de tous.

En prolongement de l'activité, proposer d'autres thèmes comme le cinéma, le zoo, l'espace, un stade de foot, etc.

Collectivement, on peut également **proposer une variante** sous forme de rituel quotidien : un thème est inscrit chaque matin au tableau et les élèves proposent successivement un mot pouvant appartenir à cet ensemble.

Fiche 62 : Les définitions (***)

Afin de développer les compétences de conceptualisation, amener l'élève à sélectionner les éléments clés permettant de définir un objet. Il est important de faire prendre conscience à l'élève que plus on est précis, plus le concept est maitrisé. Par exemple, dire qu'un manteau est un vêtement est insuffisant pour le définir. La notion de chaleur ou de protection contre le froid est essentielle. De la même façon, dire qu'un fauteuil est un objet qui sert à s'assoir est insuffisant pour s'en faire une image mentale précise.

SÉRIE 9 : Contrôle inhibiteur et prise d'indice

Activité à vivre n° 18 : Qui se ressemble…

1- Mise en situation : collectivement ou en groupes restreints.
Former un groupe de 3 ou 4 élèves ayant un point commun (même couleur de cheveux, enfants portant tous des lunettes, enfants de même sexe, enfants portant une couleur identique sur leurs vêtements…).
2- Matériel : aucun.
3- Temps : 20 minutes.
4- Consignes et descriptif de l'activité : « Trouve le ou les points communs aux enfants d'un même groupe. »
À noter : plusieurs propositions de réponses peuvent être acceptées dès lors que l'élève est en mesure d'expliquer ce qui a motivé sa réponse.
5- Variante : une autre activité à faire en collectif peut être de trouver l'intrus parmi un groupe d'enfants. Il s'agira alors pour les élèves d'énoncer le seul qui… alors que tous les autres…

Les fiches de la **série 9** vont amener l'élève à ne pas tenir compte des informations parasites et à se concentrer sur les points de convergence, sur les indices pertinents.

Pour ces fiches 63 à 66, l'explicitation est plus importante que la réponse en elle-même, il ne faut donc pas négliger cette phase de l'activité.

Fiche 63 : Les faux problèmes (*)

Dans cette fiche, une réponse chiffrée est attendue. Le titre laisse à penser que ce sont des problèmes mathématiques. L'élève sera peut-être tenté de répondre en effectuant un calcul et donc en utilisant toutes les données chiffrées de l'énoncé.

Laisser un temps de recherche avant de confronter les diverses réponses. Faire justifier les choix, mettre en mots les réflexions (exemple : « qu'on ait un ou plusieurs thermomètres, il fera toujours la même température »).

Fiche 64 : Les intrus (1) (**)

Un intrus s'est glissé dans chaque liste. L'élève va donc devoir définir le point commun à tous les mots à l'exception de l'un d'entre eux.

Fiche 65 : Les intrus (2) (***)

Même activité que pour la fiche précédente, avec des catégories plus complexes. Tous les objets peuvent être regroupés sous un même ensemble (sport, partie du corps, etc.) mais un seul diffère des autres par son usage.

Plusieurs réponses sont possibles dès lors que l'élève est en mesure de proposer une justification cohérente.

Fiche 66 : Les incohérences (***)

Dans cette dernière fiche, une incohérence s'est glissée dans chaque énoncé. Encourager les élèves à lire l'énoncé et à se faire une image mentale de la scène ou de la situation décrite. Faire entourer ou surligner le mot source d'incohérence (exemple : le mot « dentiste » dans le premier énoncé) puis proposer de remplacer ce mot par celui qui conviendrait (ici le mot « médecin »).

« TROISIÈME PARTIE : LE RAISONNEMENT LOGICOMATHÉMATIQUE

40 fiches déclinées autour de 10 compétences travaillées avec une activité de déclenchement (activité à vivre / mise en situation) et de 3 fiches d'entrainement (3 niveaux de difficulté).

< JE RAISONNE AVEC LES NOMBRES

SÉRIE 1 : Le complément d'un nombre

Activité à vivre n° 19 : Le magicien des dés

1- Mise en situation : collectivement ou en groupes d'élèves plus restreints.
2- Matériel : un dé en mousse grand format ou des dés de jeux de société.
3- Temps : 10-15 minutes pour la présentation par l'enseignant et 15 minutes pour le réinvestissement en binômes ou en groupes.
4- Consignes et descriptif de l'activité : « Observe et essaie de comprendre « l'astuce » qui permet au magicien de deviner la face cachée du dé. »
L'enseignant présente un dé en mousse grand format et annonce :
« Je suis magicien·ne et je suis capable de deviner quel nombre se trouve sur la face cachée du dé. »
Un élève est invité à lancer le dé et l'enseignant, à grand renfort de mimiques de concentration, énonce le nombre qui se trouve sur la face non visible.
Réitérer avec plusieurs lancers de dé puis questionner les élèves afin de voir si l'un d'eux a compris l'astuce.
Observer le dé pour découvrir que la somme de deux faces opposées est toujours égale à 7. En déduire l'astuce et proposer aux élèves de jouer les magiciens à tour de rôle.
Astuce : la somme de deux faces opposées est toujours égale à 7.
5- Variante : inviter les élèves par petits groupes à devenir le magicien des dés.

Les fiches de la **série 1** vont amener l'élève à maitriser et utiliser les compléments d'un nombre en s'appuyant sur les décompositions additives de ce même nombre.

Fiche 67 : Le bowling (*)

L'élève est amené ici à se familiariser avec les compléments à 10. La fiche peut être réalisée deux fois. Une première fois avec l'illustration apparente (afin de permettre à l'élève de visualiser les quantités en barrant et/ou entourant les quilles tombées ou celles à faire tomber) ; puis une seconde fois en cachant les illustrations et en s'appuyant sur la notion de complément. Il est intéressant de faire verbaliser les différentes stratégies : certains effectueront une soustraction (10 –X quilles tombées), d'autres choisiront un surcomptage (de X à 10), certains enfin s'appuieront sur la mémorisation des différentes décompositions additives du nombre 10.

Fiche 68 : Le tir à l'arc (**)

La notion de compléments à 10 est à nouveau déclinée ici. La décomposition additive se fait sur la base de 3 nombres (3 lancers de flèches). L'élève va devoir effectuer une première addition afin de définir le score à l'issue des deux premiers lancers. Puis, il recherchera le complément à 10 correspondant afin de déterminer la valeur du 3e lancer. Dans l'avant-dernière cible, amener l'élève à proposer une combinaison différente de celles déjà proposées précédemment. Attention : la dernière cible demande un score de 15 points : l'élève va découvrir qu'il n'y a qu'une seule façon d'obtenir 15 points : mettre les 3 flèches au centre.

Fiche 69 : Les billets de banque (***)

Cette fiche ne peut être proposée qu'à des élèves maitrisant la numération au-delà de 100.

Plusieurs réponses sont possibles.

Dans un deuxième temps, on peut demander aux élèves de construire le nombre cible en utilisant le moins de billets possibles.

Si l'on possède des faux billets en classe, il peut être intéressant de proposer une manipulation préalable avec le matériel.

SÉRIE 2 : Moitié et complément d'un nombre

Activité à vivre n° 20 : La boite

1- Mise en situation : collectivement ou en groupes d'élèves plus restreints.

2- Matériel : 1 ou 2 boites ou cartons vides et opaques (un carton de ramettes de papier pour photocopieur par exemple).

Plusieurs objets.

3- Temps : 20-25 minutes.

4- Consignes et descriptif de l'activité : « Trouve le nombre d'objets contenus dans la boite. »

L'enseignant présente une boite vide et opaque aux élèves. Devant leurs yeux, il glisse X objets dans la boite. Tous énoncent : « Il y a X objets dans la boite. »

Dans un deuxième temps, l'enseignant ajoute Y objets puis demande aux élèves combien la boite contient désormais d'objets (ils peuvent écrire leur réponse sur une ardoise).

On ajoute ou on retire ainsi des objets de la boite pour entrainer les élèves à visualiser et mémoriser des quantités.

5- Variantes :

– L'enseignant peut placer à proximité une deuxième boite et demander aux élèves de venir compléter celle-ci pour qu'elle contienne autant d'objets que la première.

– L'enseignant peut également ajouter des objets à la boite sans être vu des élèves. Il ouvre ensuite la boite et invite les élèves à trouver combien d'objets ont été ajoutés.

Les fiches de la **série 2** vont amener l'élève à déduire des organisations en s'appuyant sur une visualisation mentale préalable des différentes quantités.

Fiche 70 : Les animaux (*)

Les animaux de cette fiche sont normalement connus de tous. Toutefois, au préalable, on peut faire énoncer le nombre de pattes d'une fourmi (6) ou d'un chat (4), le nombre d'oreilles du lapin (2), etc. Le corps des animaux n'étant pas visible, les élèves vont devoir déterminer quelle quantité de pattes ou d'oreilles correspond à un individu et ainsi déduire le nombre d'individus cachés derrière le buisson, le rocher, etc. Les élèves écrivent leur réponse sous chaque illustration.

Fiche 71 : Le parterre de fleurs (1) (**)

Cette fiche permet de travailler la notion d'équivalence. Le vocabulaire « autant que » doit être compris par tous. Dans chaque parterre, les élèves vont devoir colorier une quantité équivalente de fleurs rouges et de fleurs jaunes. Pour les deux premiers parterres, l'observation du quadrillage va permettre de le diviser rapidement en deux parties égales. D'autres partages sont bien sûr possibles et si certains élèves les proposent, ils seront acceptés après validation par les paires (par exemple, un élève pourrait vouloir colorier une colonne sur deux en rouge plutôt que de colorier la moitié gauche tout entière). Pour les autres parterres, il est intéressant là encore de faire verbaliser les élèves afin de comprendre les différentes stratégies employées (colorier une fleur rouge, puis une jaune à tour de rôle, raisonner colonne par colonne, etc.).

On peut aussi inciter les enfants à compter le nombre total de fleurs et à chercher la moitié.

Fiche 72 : Le parterre de fleurs (2) (***)

Dans cette fiche, la visualisation est plus difficile et certains élèves vont avoir besoin de plusieurs essais avant de parvenir au nombre de fleurs requis. On peut glisser la fiche dans une pochette en plastique transparente et travailler au feutre effaçable avant de passer au crayon directement sur la fiche.

Pour les deux premiers parterres, il doit y avoir 2 fleurs jaunes de plus que de rouges, ce qui revient à partager en deux comme sur la fiche précédente avant de remplacer une fleur rouge par une jaune.

Dans les deux derniers parterres, il doit y avoir 3 fleurs jaunes de plus que de rouges. La verbalisation des stratégies employées est un moment intéressant de conflit sociocognitif. Si la répartition des fleurs peut varier d'une réponse à l'autre, le nombre de fleurs jaunes ou rouges est stable (une seule réponse possible).

SÉRIE 3 : Prendre en compte plusieurs contraintes numériques

Activité à vivre n° 21 : À vos places, prêts, partez !

1- Mise en situation : par équipes de 4 élèves.
Avec plusieurs passages successifs (modifier les nombres en bout de lignes et de colonnes à chaque passage afin de créer une nouvelle situation de recherche).
Point de vigilance : au préalable, s'assurer que la configuration est réalisable (utiliser les configurations proposées sur les fiches d'activités par exemple).
2- Matériel : 12 feuilles A4 blanches (8 avec le chiffre 1 noté au feutre en grand et 4 avec le chiffre 2 noté au feutre en grand) – des craies – 1 marqueur.
Dessiner deux quadrillages de 3x3 à la craie, dans un espace suffisamment grand (préau, cour de récréation).

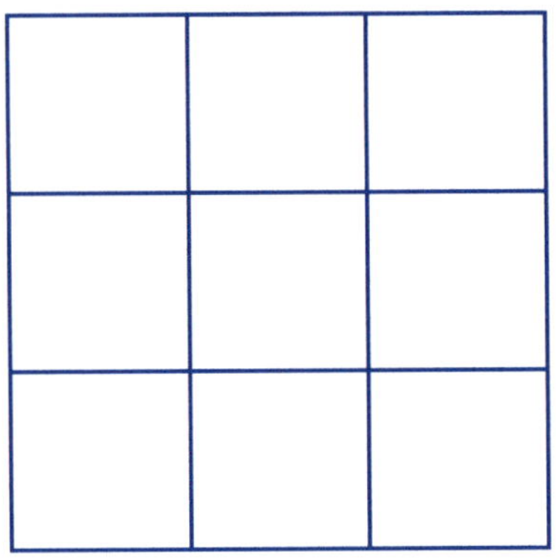

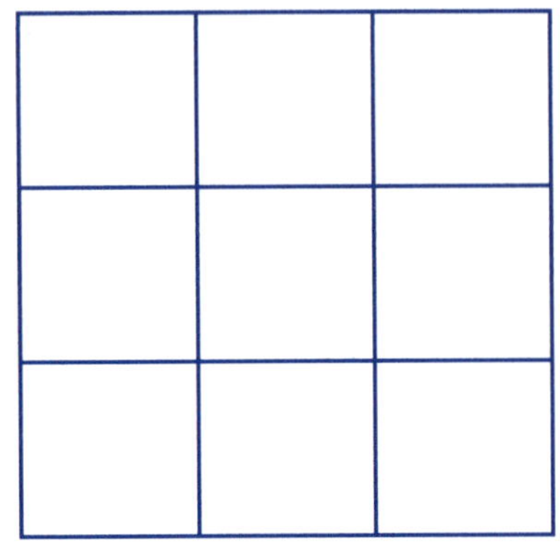

3- Temps : 20-30 minutes.
4- Consignes et descriptif de l'activité : « Placez-vous convenablement dans le quadrillage avant l'autre équipe. Vous devrez respecter le nombre d'enfants indiqué pour chaque ligne et chaque colonne. »
Dans un espace suffisamment grand (préau, gymnase, cour), l'enseignant trace au sol deux quadrillages de 3×3. Au bout de chaque colonne et de chaque ligne, il écrit à la craie les nombres proposés correspondant au nombre de joueurs qui devront s'y positionner.
Au signal, les élèves viennent se placer dans le quadrillage en respectant les indications données aux extrémités de chaque ligne et colonne.

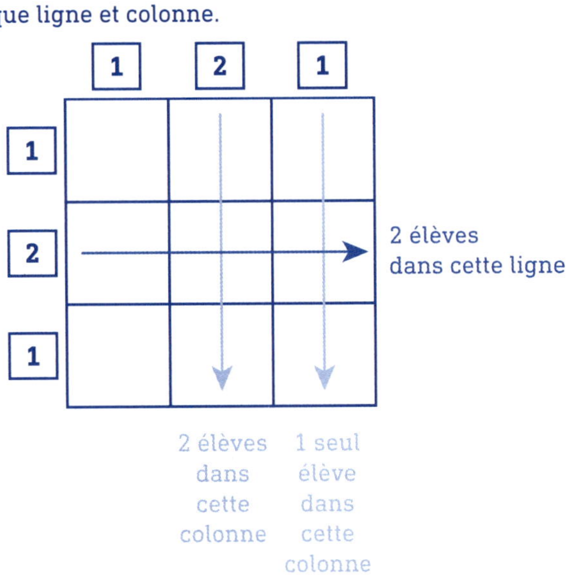

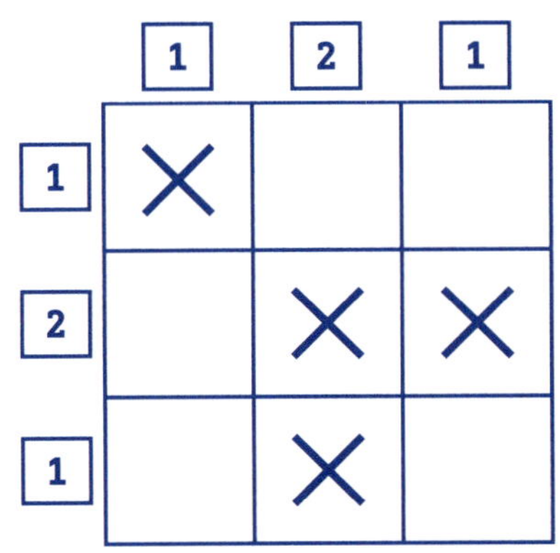

Au signal, les élèves viennent se placer dans le quadrillage en respectant les indications données aux extrémités de chaque ligne et colonne.

Les fiches de la **série 3** vont amener l'élève à tenir compte de plusieurs facteurs pour placer des éléments dans un quadrillage. **Prérequis :** la lecture du tableau à double entrée doit être maitrisée.

Fiche 73 : Jetons quadri'logiques (1) (*)

Comme pour l'**activité à vivre n° 21**, les élèves vont devoir positionner leurs jetons de façon à respecter les indications données en bout de ligne et de colonne. Le nombre de jetons à utiliser dans chaque quadrillage est indiqué en bas à droite (3 puis 4 jetons). Des jetons à découper et à coller sont proposés (Fiche-matériel 73).

Fiche 74 : Jetons quadri'logiques (2) (**)

Le nombre de jetons à positionner est plus élevé dans cette deuxième fiche (4 puis 5 jetons) mais la consigne reste identique à la fiche précédente.

Fiche 75 : Jetons quadri'logiques (3) (***)

Dans cette fiche, le quadrillage est plus grand. 6 puis 7 jetons doivent être placés en respectant les contraintes numériques indiquées en bout de ligne et de colonne. Proposer aux élèves d'utiliser des cubes ou le petit matériel à disposition dans la classe pour effectuer leurs recherches avant de dessiner leur réponse au crayon dans les cases du quadrillage.

SÉRIE 4 : Comprendre et compléter une suite logique

Activité à vivre n° 22 : Jeu de cartes

1- Mise en situation : collectivement ou en groupes restreints.
2- Matériel : un ou plusieurs jeux de cartes à jouer.
3- Temps : 20-25 minutes.
4- Consignes et descriptif de l'activité : « Trouve la carte qui permet de compléter la suite. »
Construire une suite logique devant les élèves et leur demander de chercher la carte qui permet de compléter la suite. Faire verbaliser la logique qui a été repérée et qui permet de trouver la carte suivante. Proposer alors d'autres suites logiques dans lesquels une carte est manquante (pas obligatoirement la dernière).

Exemples de suites à proposer :
Alterner cœur / pique / carreau / trèfle
Alterner roi / dame / valet
Alterner les cartes en comptant de 2 en 2
Alterner 2 cartes noires / 2 cartes rouges

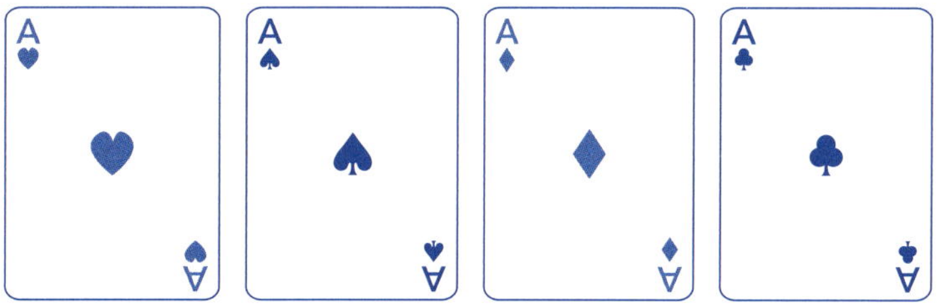

5- Variantes : on peut également proposer des dispositions non linéaires ou avec des cartes orientées différemment (en pyramide ; en groupe de 4 cartes ; en alternant une carte posée verticalement et une autre horizontalement...). On peut également proposer à un élève de construire une suite et à son camarade de la poursuivre.

Les fiches de la **série 4** vont amener l'élève à observer et déduire le fonctionnement d'une suite logique ; identifier la règle réitérée afin de compléter une suite.

Fiche 76 : Les dominos mystères (*)

Pour chaque série de dominos, prendre le temps d'observer les similitudes et les variations. Chercher la réitération et dessiner les points des dominos mystères.

• **Dominos fleurs :**
1 : alternance de 2 dominos (algorithme de forme 1/2/1/2/1/2).
2 : alternance de 3 dominos (algorithme de forme 1/2/3/1/2/3).
3 : alternance double de 3 dominos (algorithme de forme 1/1/2/2/3/3).

• **Dominos vague :** 4 : faire observer successivement les points du haut sur tous les dominos, puis faire observer ceux du bas (suite ascendante / suite descendante).

• **Dominos en croix :**
5 : suite ascendante de dominos doubles.
6 : rotation de dominos par paires.

Fiche 77 : Nombres en folie (1) (**)

Les suites de cette fiche sont des suites numériques mais les nombres, leur emplacement et leur orientation ont leur importance. Faire écrire les chiffres manquants dans les emplacements vides.

• **Suite n°1 :** seule l'orientation d'écriture du chiffre est importante. Une rotation dans le sens horaire est à effectuer (plutôt que de faire écrire le chiffre à l'envers, on peut suggérer à l'élève de faire une rotation de la feuille avant d'écrire !).

• **Suite n°2 :** faire observer que les nombres « se déplacent » dans le sens horaire dans le quadrillage.

• **Suite n°3 :** la rotation est déjà donnée, il faut donc observer que la suite évolue de 2 en 2. Faire dessiner la carte par l'élève.

• **Suite n°4 :** la pyramide de calculs est peut-être déjà connue des élèves. Dans le cas contraire, observer le fonctionnement de la première pyramide avant de compléter les suivantes.

Fiche 78 : Nombres en folie (2) (***)

Les suites de cette série sont des suites opératoires.

• **Pyramides additives** avec un étage supplémentaire par rapport à celles de la fiche précédente.

• **Rares :** on avance dans le sens horaire ; roue 1 : on ajoute 3 ; roue 2 : on ajoute 1, puis 2, puis 3, puis 4, puis 5... ; roue 3 : on ajoute 1, puis on retranche 2.

• **Grilles :** grille 1 : lecture en ligne et colonne : ajouter les 3 premiers chiffres pour obtenir celui de la dernière ligne ou de la dernière colonne ; grille 2 : lecture en colonne uniquement : la 3e case s'obtient en ajoutant les chiffres des deux premières, la 4e case s'obtient en soustrayant les chiffres des deux premières) ; grille 3 : lecture en colonne uniquement : les nombres de la dernière case s'obtiennent en ajoutant les nombres des 3 premières cases).

• **Fanions :** les nombres s'obtiennent en suivant l'algorithme + 2 / × 2.

SÉRIE 5 : Résoudre des problèmes numériques et mettre en œuvre une démarche de recherche

Activité à vivre n° 23 : Les châteaux de cartes

1- Mise en situation : Petits groupes de 2 ou 3 élèves.
2- Matériel : plusieurs jeux de cartes à jouer et illustrations de différents châteaux de cartes (Activité à vivre 23)
3- Temps : 25-30 minutes.
4- Consignes et descriptif de l'activité :

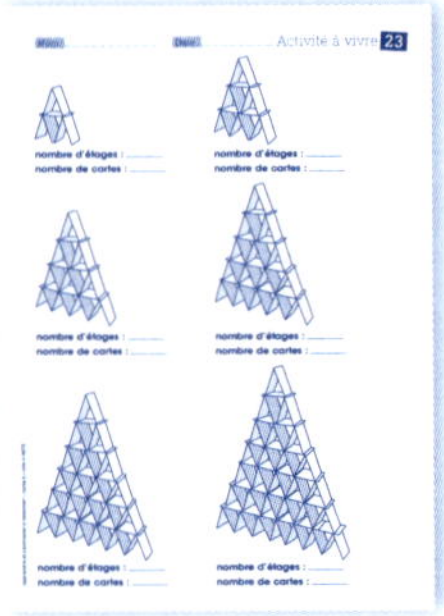

Faire remarquer aux élèves qu'un étage est composé des cartes jointes deux à deux mais également des cartes posées horizontalement sur le dessus. Par exemple, un château de 4 étages = 11 cartes pour le premier niveau, 8 cartes pour le deuxième, 5 pour le troisième et 2 pour le dernier niveau.
« Trouve le nombre d'étages et de cartes de chaque château de cartes. »
Observer la construction sous forme de pyramide d'un château de cartes. Noter que le dernier étage est toujours réalisé avec deux cartes.
Proposer aux élèves des paquets de cartes de nombre variable (7 ; 15 ; 26 ; 40 ; 57 ; 77).
« Combien d'étages comporteront les châteaux réalisés à l'aide de ces paquets de cartes ? »
Bien sûr, les élèves seront invités à construire les châteaux de cartes. Si la construction se révèle trop fastidieuse, les inviter à représenter leurs hypothétiques constructions en faisant un schéma.

Les fiches de la **série 5** vont amener l'élève à résoudre des problèmes numériques en passant d'une expérimentation concrète puis progressivement, à un traitement mathématique de la situation.

Fiche 79 : Les boites d'œufs (*)

Dans cette activité, l'élève va devoir répartir une quantité d'œufs dans les boites à sa disposition. Les boites doivent être remplies et tous les œufs doivent être utilisés. Utiliser des boites d'œufs vides permet une manipulation concrète (ici la boite de 12 n'a pas été utilisée car son intérêt mathématique est moindre) ou celles de la fiche matériel (Fiche-matériel 79).

Amener progressivement l'élève à passer d'une expérimentation concrète à un traitement mathématique de la situation en s'appuyant sur les décompositions additives des nombres cibles (14 c'est 10 + 4 mais nous n'avons pas de boite de 4, 14 c'est aussi 8 + 6). Écrire le nombre de boites utilisées dans la colonne du tableau correspondante.

Fiche 80 : Bâtisseurs (**)

En s'appuyant sur l'activité à vivre, proposer aux élèves de construire ou de dessiner les châteaux de cartes. Ici, il n'y a que 3 types de châteaux à construire : 3, 4 et 5 niveaux. Faire observer que les niveaux comportent toujours le même nombre de cartes (en partant du haut : 2 cartes ; puis 5 ; puis 8 ; puis 11 et enfin 14 pour le château à 5 niveaux).

Fiche 81 : Jour de marché (***)

L'élève va devoir effectuer un traitement mathématique de chaque situation. Il n'est pas toujours nécessaire de repasser par le prix à l'unité de chaque fruit.

• **Situation 1 :** chercher le prix à l'unité du raisin et l'ajouter au prix du 1er panier.

• **Situation 2 :** chercher le prix à l'unité de l'ananas et l'ajouter au prix du 1er panier.

• **Situations 3 et 4 :** chercher le prix à l'unité de chacun des fruits.

SÉRIE 6 : Prise d'indice et stratégie

Voir le descriptif de l'activité à vivre n°24 page suivante.

Les fiches de la **série 6** vont amener l'élève à mettre en place des stratégies. Ces activités de questionnement de plus en plus ouvert obligent l'élève à procéder par essai/erreur puis à développer sa logique déductive.

Fiche 82 : Le nombre mystère (1) (*)

Pour réaliser cette activité, les élèves doivent connaitre les propriétés des nombres jusqu'à 40 (comparaison, notion de nombre/chiffre, nombres pairs/impairs).

La stratégie la plus efficace ici est une stratégie par élimination.

Faire verbaliser les élèves à mesure de leurs déductions et entourer le nombre mystère de chaque série.

Fiche 83 : Le nombre mystère (2) (**)

Cette fiche reprend la même activité que la fiche précédente, mais aucune proposition de réponse n'est faite aux élèves.

La stratégie la plus efficace ici est de réduire progressivement le champ des possibles en procédant par élimination. Exemple sur la série 1 : un nombre entre 0 et 30 ; s'il a 2 chiffres, on réduit aux nombres de 10 à 30 ; s'il n'a pas de 1, on réduit aux nombres de 20 à 30 ; si un des chiffres est 4, il ne reste que le nombre 24.

Activité à vivre n° 24 : Les cadenas

1- Mise en situation : par équipes.
2- Matériel : 1 cadenas à code (3 chiffres) par groupe d'élèves.
3- Temps : 40 minutes au total (5 minutes de recherche libre, 5 minutes de recherche avec possibilité d'écrire les essais, 15 minutes avec divulgation d'un chiffre toutes les 5 minutes, 10 minutes pour mettre en commun les stratégies employées).
4- Consignes et descriptif de l'activité :
« Trouve la combinaison de chaque cadenas. »

Chaque groupe a à sa disposition un cadenas à code dont il va falloir déterminer la combinaison. Interrompre l'activité au bout de quelques minutes et distribuer des feuilles permettant de noter les différents essais. Mettre en avant la nécessité de procéder de façon méthodique. Toutes les 5 minutes, déposer sur la table de chaque groupe une étiquette sur laquelle figure un des chiffres de la combinaison (sans en donner la position).
Au bout de 15 minutes, les différents groupes connaissent donc les trois chiffres. Il ne leur reste alors plus qu'à tester les différentes combinaisons possibles.
5- Variante : proposer aux élèves de jouer au Mastermind® (voir aussi une version simple en ligne : https://micetf.fr/mastermind/) ou le proposer en activité à l'extérieur. Pour cela, placer 2 équipes face à face. Une combinaison de couleurs, connue seulement de l'enseignant, est à trouver à l'aide de plots colorés. Le premier joueur de chaque équipe court pour positionner les plots, le suivant court effectuer les corrections en fonction des indications données par l'enseignant, etc. La première équipe à trouver la combinaison de couleurs mystère remporte la manche.

Fiche 84 : Le coffre-fort (1) (***)

Cette activité fait écho à celles de la série 3 de la première partie (définir l'étendue des possibles). Ici, les élèves vont devoir lister toutes les combinaisons possibles de 3 nombres. On attend d'eux qu'ils soient méthodiques en cherchant les deux combinaisons commençant par X, puis les deux commençants par Y et enfin les deux commençant par Z. Ils peuvent effectuer leurs recherches sur l'ardoise avant d'écrire les 6 combinaisons sur la fiche.

Fiche 85 : Le coffre-fort (2) (***)

Cette dernière fiche de la série est complexe et ne sera proposée qu'aux élèves capables d'une déduction logique affinée. Une grille de raisonnement (Fiche-matériel 85) est proposée afin de permettre aux élèves de procéder par élimination. Dans les consignes, les phrases « un chiffre mal placé » signifient qu'un des 3 chiffres figure dans la combinaison mais à une autre place et que les 2 autres ne figurent pas dans la combinaison. Suggérer aux élèves de commencer par éliminer les 3 chiffres de la ligne « aucun chiffre correct ». Dans un 2e temps, prendre en compte la ligne « deux chiffres mal placés » qui permet de mettre en avant ces 3 chiffres comme figurant probablement dans la combinaison. Un indice de vérification est proposé sous chaque coffre : le résultat de la somme des chiffres de la combinaison.

SÉRIE 7 : Anticipation et planification

Voir le descriptif de l'activité à vivre n°25 page suivante.

Les fiches de la **série 7** vont amener l'élève à visualiser les conséquences d'un choix ou d'une action dans un jeu où les deux participants jouent à tour de rôle.

Fiche 86 : Qui va gagner ? (*)

Dans cette activité, les élèves vont devoir regrouper 2 par 2 les cartes identiques dans les jeux des deux enfants. Un seul des deux jeux permet d'associer les cartes 2 à 2, le second est le jeu perdant. Les élèves peuvent choisir de trouver les paires ou, à l'inverse, de trouver la carte ne possédant pas de double.

Fiche 87 : Duel fruitier (**)

À l'instar du duel d'allumettes de l'activité à vivre, cette fiche présente un jeu où les joueurs viennent placer des fruits dans un cageot. Comme pour les allumettes, ils ne peuvent poser qu'1, 2 ou 3 fruits à la fois. Le premier joueur qui pose le 15e fruit remporte la manche.

Afin de comprendre ce jeu, proposer une activité semblable en classe avec des pots et des crayons par exemple. En binôme, les élèves viennent placer 1, 2 ou 3 crayons dans le pot. Le premier des deux joueurs à placer le 15e et dernier crayon remporte la manche.

La fiche propose de travailler en s'appuyant sur les compléments à 15. Pour les deux premières parties, il suffit de compléter en ajoutant le nombre de fruits permettant d'atteindre 15.

Pour les deux suivantes, il faut trouver le moyen, non pas de gagner au coup suivant, mais de contrer son adversaire.

<u>Partie C :</u> Fanny doit poser 1 fruit. Si ensuite Sam en pose 3, Fanny gagne en en posant 1. Si Sam en pose 2, Fanny gagne en en posant 2. Si Sam en pose 1, Fanny gagne en en posant 3.

<u>Partie D :</u> Sam doit poser 3 fruits. Si ensuite Fanny en pose 1, Sam gagne en en posant 3. Si Fanny en pose 2, Sam gagne en en posant 2. Si Fanny en pose 3, Sam gagne en en posant 1.

Fiche 88 : Dominos gagnants (***)

Là encore, le jeu oppose deux enfants. Les élèves devront donc trouver lequel des deux joueurs possède les dominos permettant de faire une suite complète. Pour les élèves ayant des difficultés à visualiser mentalement la suite à construire, proposer de la manipulation avec les dominos de la fiche (Fiche-matériel 88) ou un jeu de dominos de la classe.

Activité à vivre n° 25 : Le duel des allumettes

1- Mise en situation : en binômes.

2- Matériel : des allumettes (11/16/20 allumettes par binômes selon la difficulté choisie), ou des crayons, des stylos...

3- Temps : 15-20 minutes.

4- Consignes et descriptif de l'activité : « Pousse ton adversaire à prendre la dernière allumette. »

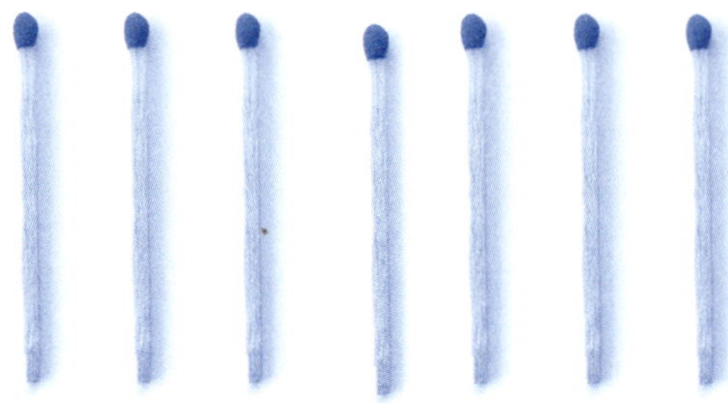

À tour de rôle, chaque joueur retire 1, 2 ou 3 allumettes. Celui qui prend la dernière allumette perd la partie.

Astuce pour gagner le duel avec 20 allumettes :

Le but est de toujours laisser sur la table : 17, 13, 9, 5 puis 1 allumette.

N. B. : L'astuce fonctionne quel que le soit le nombre d'allumettes.

• Cas de figure 1 : Je commence

Prendre 3 allumettes lors du premier coup. Prendre ensuite le complément à 4 (si mon adversaire prend 1 allumette, j'en prends 3, s'il en prend 2, j'en prends 2, s'il en prend 3, j'en prends 1). Il ne reste plus qu'une seule allumette à prendre pour mon adversaire. J'ai gagné !

• Cas de figure 2 : Mon adversaire commence

Compléter sa première prise afin d'obtenir un total de 3 ou 6 (s'il prend 1 allumette, j'en prends 2, s'il en prend 2, j'en prends 1, s'il en prend 3, j'en prends 3). Puis poursuivre sur la même astuce que précédemment avec le complément à 4.

5- Variante : chercher l'astuce avec les élèves pour le gagnant d'une partie avec 16 allumettes.

SÉRIE 8 : Raisonnement déductif et planification

Voir le descriptif de l'activité à vivre n°26 page suivante.

Les fiches de la **série 8** vont amener l'élève à développer des compétences de mise en relation de données, de déduction et de repérage dans l'espace.

Fiche 89 : Sudoku (1) (*)

Dans un premier temps, les élèves sont invités à compléter une grille vierge pour comprendre les règles de répartition des chiffres dans une grille de Sudoku. Plusieurs réponses sont bien sûr possibles. Il est intéressant de faire verbaliser les élèves sur la technique employée : placer tous les 1, tous les 2, etc., ou bien remplir les carrés les uns après les autres ; remplir ligne par ligne ou colonne par colonne.

Dans un second temps, les élèves vont compléter les 2 grilles de bas de page en respectant les règles du Sudoku. Il est possible de guider les élèves en leur suggérant de commencer par les lignes, les colonnes ou les carrés où un seul chiffre est manquant.

Fiche 90 : Sudoku (2) (**)

Dans cette fiche, les élèves vont devoir compléter les grilles avec les chiffres de 1 à 4. Conseiller l'utilisation d'un crayon de papier pour pouvoir corriger ou noter les « hypothèses ».

Fiche 91 : Sudoku (3) (***)

Dans cette fiche, les élèves vont devoir compléter les grilles avec les chiffres de 1 à 6 puis de 1 à 9.

Fiche 92 : Sudoku étoile (***)

Une fiche supplémentaire est proposée pour les élèves les plus à l'aise avec l'activité du Sudoku classique.

Les règles sont semblables : les chiffres de 1 à 5 doivent être placés sur les étoiles (sans oublier l'étoile centrale).

Astuce : repérer les étoiles où un seul chiffre est manquant et commencer par celles-ci.

Activité à vivre n° 26 : Le Sudoku relai

1- Mise en situation : 2 équipes de 4 élèves.
2- Matériel : dessiner 2 quadrillages de 4 x 4 carrés au sol à la craie.

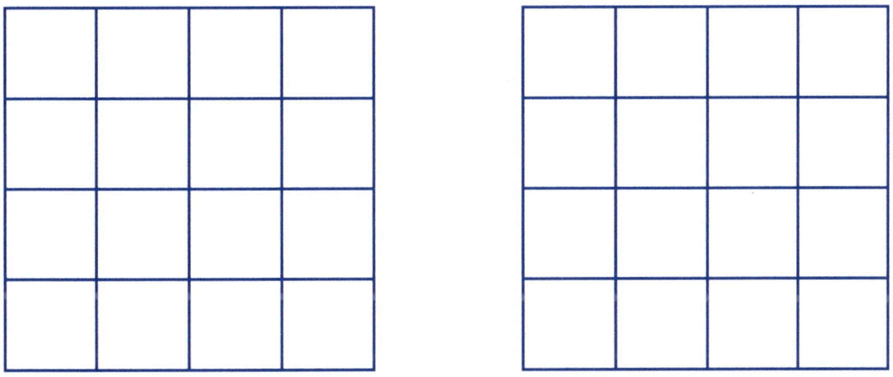

16 foulards (ou autres objets comme des disques, anneaux, plots...) de 4 couleurs différentes (= en nombre suffisant pour compléter les deux grilles).
3- Modalités :
Rappeler les règles du Sudoku aux élèves avant de faire les fiches de la série.
Règles du Sudoku : Remplir les cases vides avec les chiffres de 1 à X (en fonction du nombre de cases de la grille), de telle sorte qu'ils n'apparaissent qu'une fois par ligne, par colonne et par carré.
4- Temps : 15-20 minutes pour avoir le temps de faire plusieurs parties.
5- Consignes et descriptif de l'activité : « Soyez la première équipe à compléter votre grille de Sudoku. »
Les élèves sont répartis en deux équipes de 4 joueurs. Chaque membre de l'équipe se voit attribuer 4 foulards d'une couleur.
Chaque équipe se place face à son quadrillage.
Au signal, le premier joueur de chaque équipe s'élance pour placer un foulard sur la grille. Dès qu'il revient, le deuxième peut s'élancer à son tour.
Dès qu'une équipe est parvenue à compléter sa grille, le jeu est interrompu pour vérifier si le positionnement des foulards répond à la règle du Sudoku : chaque ligne, chaque colonne et chaque grand carré de 4 cases doit être composé de 4 couleurs différentes. Si l'équipe a correctement complété sa grille, elle remporte la partie ; dans le cas contraire, le jeu reprend jusqu'à ce qu'une équipe parvienne à valider sa grille.

SÉRIE 9 : Apprécier une quantité

Activité à vivre n° 27 : Au restaurant

1- Mise en situation : par groupes de 5 élèves.
Installer 4 élèves autour d'une table, ils jouent le rôle des clients du restaurant. Le 5e élève joue le rôle du serveur.
Un menu unique est proposé. Chaque client doit choisir 2 plats et passer commande à l'oral auprès du serveur.
Le serveur mémorise la commande de toute la table (ou prend note si la mémorisation est difficile) puis se rend « en cuisine » pour réunir l'ensemble des plats de la commande sur un plateau.
Alterner les rôles et repasser de nouvelles commandes. L'enseignant propose des plats au tableau en rapport avec le vocabulaire connu des enfants (2 entrées, 2 plats, 2 desserts).
2- Matériel : carte du menu à imprimer (Matériel activité 27)
3- Temps : 30 minutes.
4- Consignes et descriptif de l'activité : « Apporte la commande de tous les clients de la table. »
On peut mettre une ardoise à disposition du serveur. Celui-ci pourra y inscrire les commandes en notant par exemple l'initiale des plats commandés ainsi que le nombre de plats de ce type commandés.
5- Variante : on peut demander au client de choisir plus de plats, par exemple 3 ou 4 (boissons comprises), ce qui rend l'exercice plus complexe.

Les fiches de la **série 9** vont amener l'élève à réfléchir à la notion de quantité, à l'évaluer rapidement et à apprécier la vraisemblance d'une situation numérique.

Fiche 93 : Les fleurs du jardin (*)

Dans cette fiche, les élèves vont devoir relier les cartes de commandes de fleurs aux jardins correspondants. Encourager les élèves à ne pas dénombrer mais à avoir recours au subitizing (processus de perception automatique des petites quantités).

Fiche 94 : Drôles de quantités (**)

Pour cette activité, faire découper les étiquettes à placer dans le tableau (Fiche-matériel 94). Puis, les élèves vont lire les différentes affirmations et évaluer leur pertinence numérique. Par exemple, est-il vraisemblable qu'il y ait 221 bougies sur un gâteau d'anniversaire ? Ils vont alors les classer selon que la quantité donnée semble insuffisante, suffisante ou trop importante (expliquer ce vocabulaire si besoin). Il est bien sûr important de faire verbaliser les élèves. En justifiant leur choix, ils pourront proposer une donnée numérique plus adaptée à chaque situation.

Fiches 95 et 96 : La bonne unité (1) et (2) (***)

Ces deux fiches permettent de travailler la notion d'unité associée à une donnée numérique. Ici, on s'attache aux unités de temps. Les élèves vont devoir choisir l'unité qui convient pour compléter chaque affirmation. Pour plus de difficulté, on peut choisir de cacher les propositions et de demander aux élèves de répondre spontanément. Là encore, la verbalisation et l'explicitation de ce qui parait incohérent ou impossible est intéressante.

SÉRIE 10 : Résoudre des problèmes de grandeur et mettre en œuvre une démarche de recherche

Activité à vivre n° 28 : Jeux d'équilibre

1- Mise en situation : autant de groupes que de balances Roberval disponibles.
2- Matériel : des objets du quotidien en plusieurs exemplaires et des balances Roberval (une par groupe d'élèves).
3- Temps : 30 minutes.
4- Consigne et descriptif de l'activité : « Trouver comment équilibrer votre balance à l'aide des objets à votre disposition. »

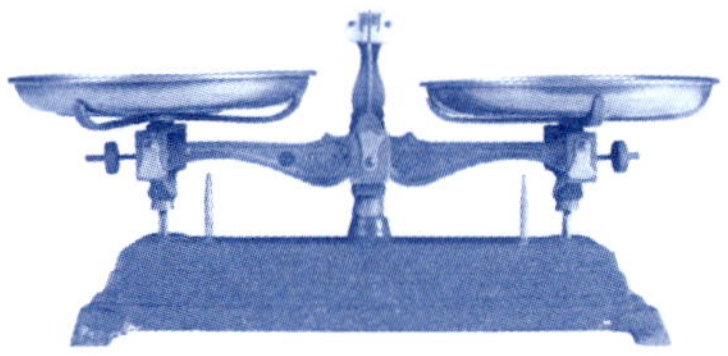

Exemple : Proposer aux différents groupes de placer 1 tube de colle sur l'un des plateaux de la balance (s'assurer que tous les tubes de colle sont neufs et de même marque). Mettre à disposition des groupes des cubes de numération (ou tout autre objet de petite taille disponible en grande quantité). Demander ensuite aux élèves de trouver le nombre de cubes permettant d'équilibrer la balance.
Reproduire l'expérience en plaçant 2 ou 3 tubes de colle. Encourager les élèves à mettre en place une procédure mathématique (ici, multiplier par 2 ou par 3), puis vérifier par expérimentation.
Faire de même en remplaçant le tube de colle par un crayon ou une gomme. Chercher le nombre de cubes permettant d'équilibrer la balance.
Placer ensuite un tube de colle et une gomme et encourager les élèves à mettre en place une procédure mathématique et à l'expliciter (ici, ajouter les deux quantités de cubes correspondant à la colle et à la gomme).

Les fiches de la **série 10** vont amener l'élève à résoudre des problèmes de grandeur simples en lien avec la notion de masse (la mesure de masse s'effectuant par comparaison à un autre objet).

Fiche 97 : Les balances (1) (*)

Dans cette activité, ne donner que le postulat de départ : 3 pommes ont une masse équivalente à 1 pastèque. À partir de ce constat, les élèves vont devoir trouver comment compléter les balances pour rendre l'illustration exacte (trouver ce qui pèse moins lourd qu'une pastèque, plus lourd que 3 pommes, etc.). Les élèves vont coller les étiquettes fruits sur les plateaux des balances. Pour aider les plus en difficulté, il est intéressant de faire verbaliser les échanges que l'on peut réaliser : remplacer une pastèque par 3 pommes et inversement ; multiplier par deux le nombre de pommes pour doubler la masse, etc.

Fiche 98 : Les balances (2) (**)

Dans cette fiche, les élèves vont devoir comparer les masses et entourer les fruits qui feront pencher chaque balance. Comme sur la fiche précédente, faire observer le postulat de départ qui servira de point d'appui pour les déductions futures : 3 pommes ont une masse équivalente à 1 pastèque et 1 pomme a une masse équivalente à 2 citrons.

Proposer aux élèves de remplacer chaque pomme par 2 citrons pour trouver à combien de citrons équivaut 1 pastèque. Si les élèves ont besoin de manipuler, utiliser une véritable balance Roberval et remplacer les fruits par des poids.

Fiche 99 : Les balances (3) (***)

Dans cette dernière fiche, l'objectif est de savoir quelles balances seront ou non à l'équilibre. Le postulat de départ est le même que celui de la fiche précédente. Les élèves indiqueront par une croix les balances non équilibrées.

Le détail manquant

→ **Observe la grande image puis cache-la.**
→ **Observe ensuite les petites images.**
→ **Puis, retrouve et colle en dessous l'élément manquant sur chacune d'elle.**

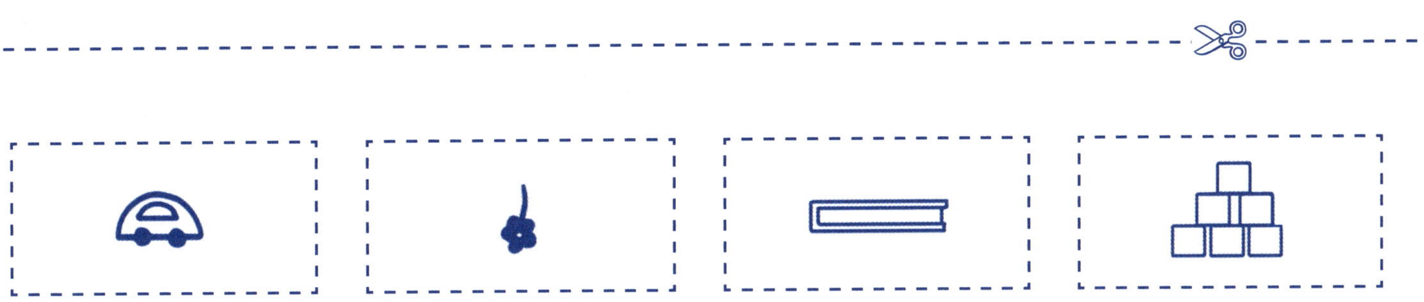

Nom : ....

Je raisonne
dans l'espace et dans le temps

Une histoire de couleur

→ **Observe la grande image puis cache-la (voir fiche 2 en couleurs).**
→ **Observe ensuite les petites images puis retrouve les éléments qui ont changé de couleur. Écris leur nom.**

- ....
- ....

- ....
- ....

Nom : ....

Tout est mélangé !

→ **Observe les animaux présents sur la carte. Cache-la, puis entoure sous chaque carte l'un des deux animaux qui n'a rien en commun avec ceux de la carte que tu viens d'observer (ni l'animal ni la couleur) comme sur l'exemple (voir fiche 3 en couleurs).**

Exemple :

Problème de voisinage (1)

→ **À l'aide de 3 couleurs, colorie chaque jardin. Les jardins voisins ne doivent pas être de la même couleur.**

→ **Même exercice.**

Nom : ....

Problème de voisinage (2)

→ **Découpe les triangles de la Fiche-matériel 5.**
→ **Pose les triangles à ta disposition sur ce dessin afin que les triangles qui se touchent ne soient pas de la même couleur.**

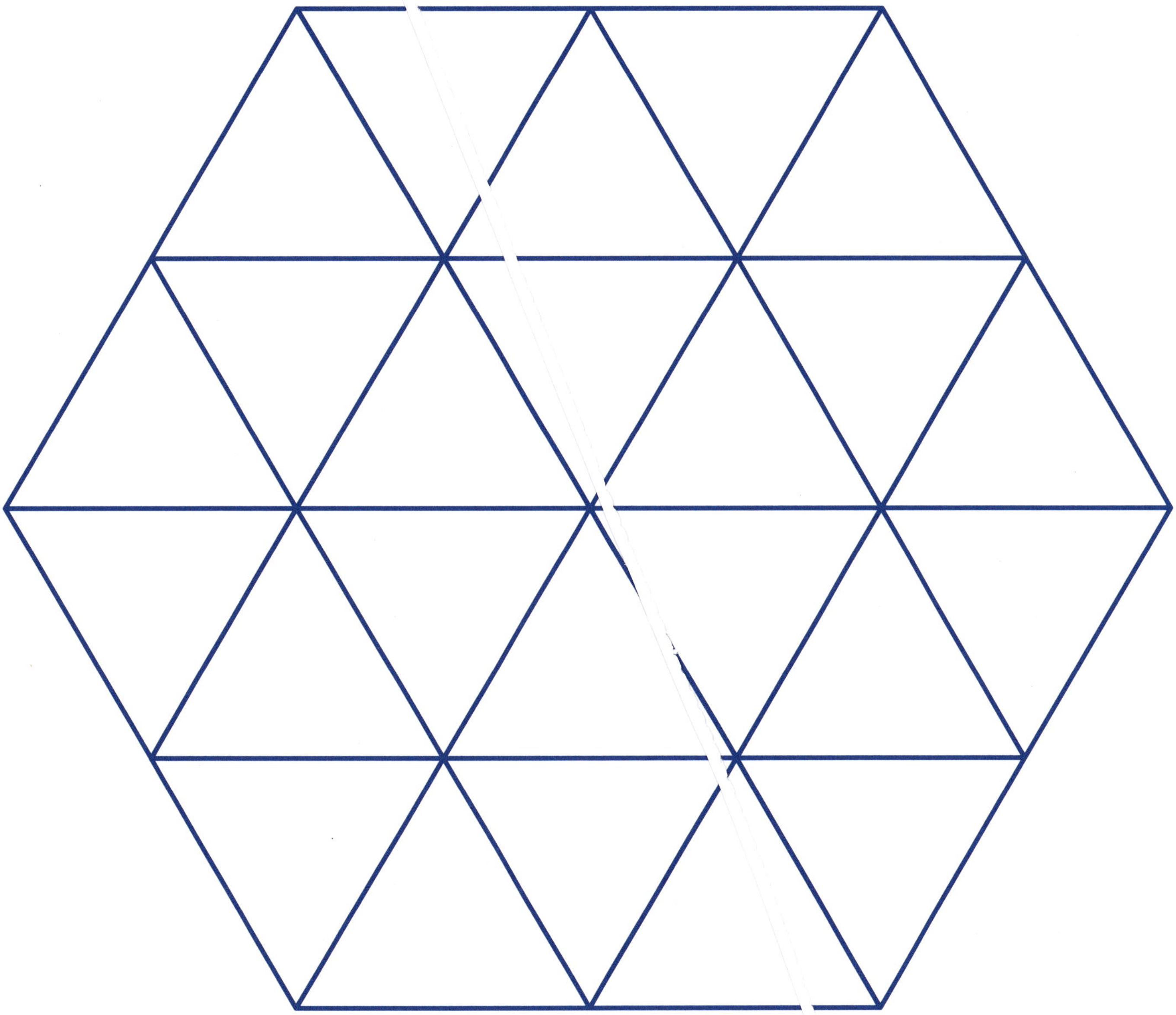

Problème de voisinage (3)

→ **À l'aide de 3 couleurs, colorie les zones de chaque dessin pour que les zones qui se touchent ne soient pas de la même couleur.**

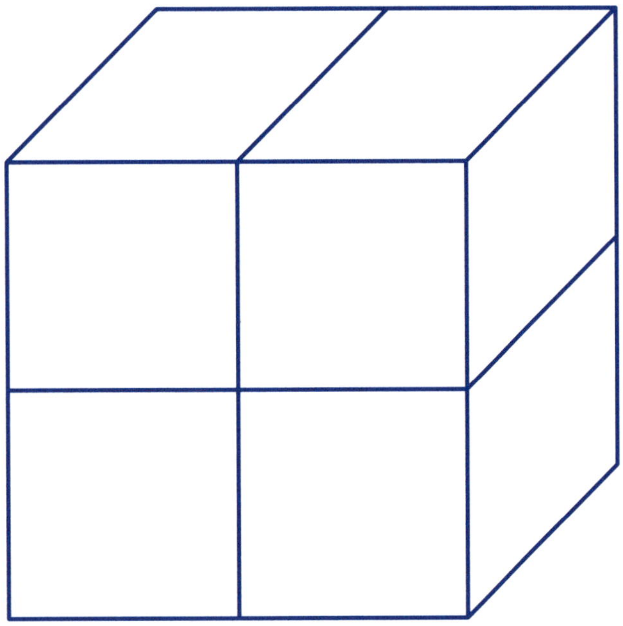

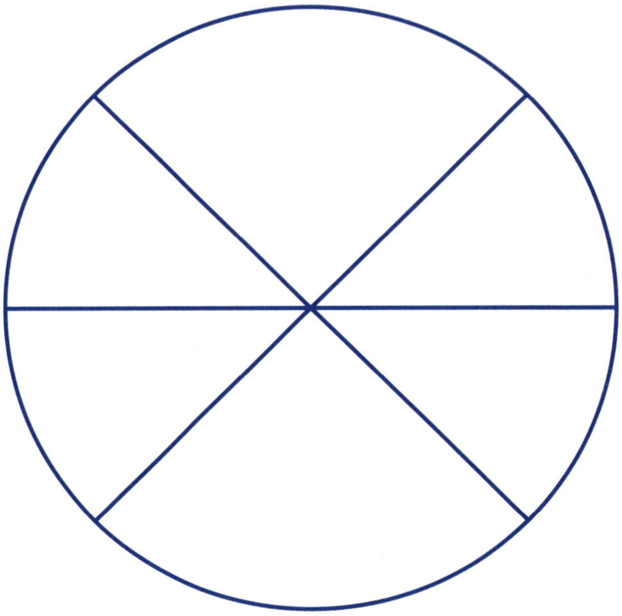

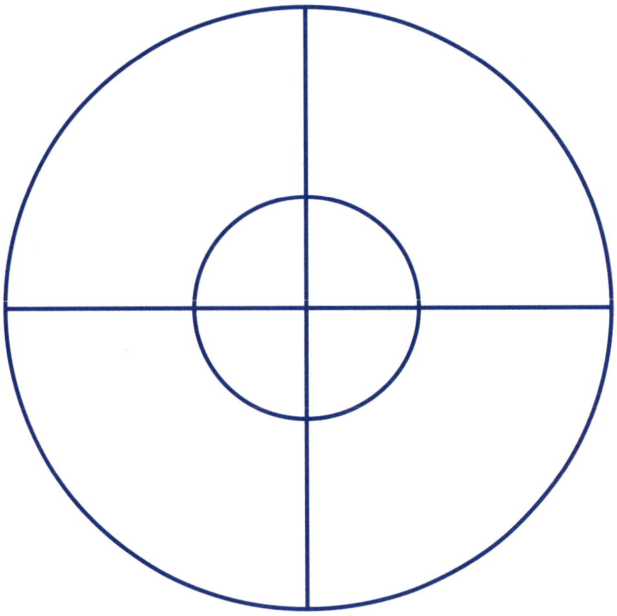

Range ta chambre !

→ **Découpe les meubles de la Fiche-matériel 7 et place-les dans la chambre.**
→ **Note 4 combinaisons possibles (de gauche à droite) dans le tableau à l'aide des petites vignettes.**
→ **Puis, colle les meubles selon ta disposition préférée.**

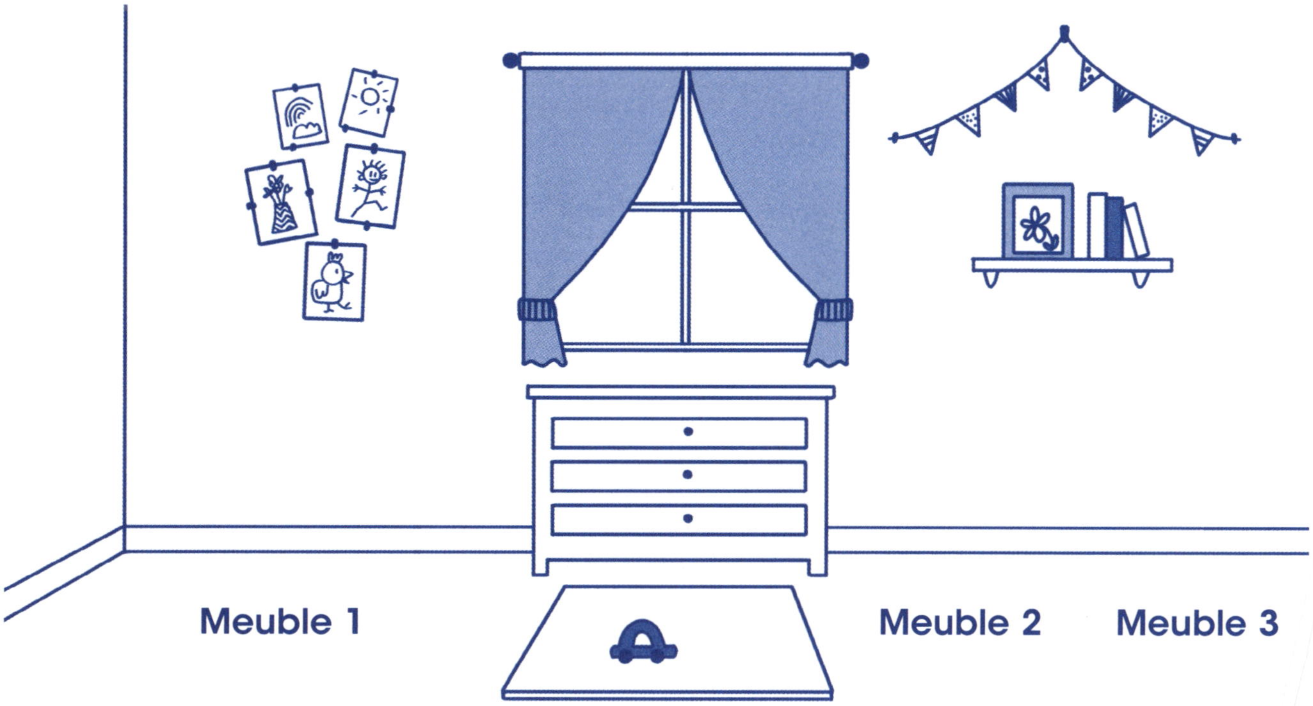

Meuble 1	Meuble 2	Meuble 3

Décollage imminent !

→ **Trois astronautes vont bientôt décoller. Aide-les à s'installer dans la fusée en trouvant toutes les combinaisons possibles.**

→ **Découpe les casques des 3 astronautes de la Fiche-matériel 8 pour les coller dans les hublots des fusées.**

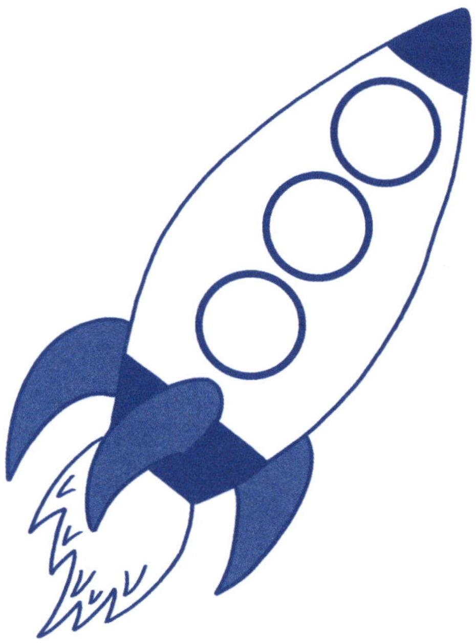

Nom : ....

Je raisonne
dans l'espace et dans le temps

Fiche **9**

À la cantine

→ **Le menu de la cantine est composé d'une entrée, d'un plat et d'un dessert.**
→ **Trouve tous les menus que tu peux composer à partir des plats suivants.**
→ **Découpe les plats ou les étiquettes mots de la Fiche-matériel 9.**
→ **Écris leur nom sur les menus.**

ENTRÉES

carottes râpées

salade verte

PLATS

poisson pané frites

boulettes spaghettis

DESSERTS

glace

tarte

Menu

– ____________________
– ____________________
– ____________________

Menu

– ____________________
– ____________________
– ____________________

Menu

– ____________________
– ____________________
– ____________________

Menu

– ____________________
– ____________________
– ____________________

Nom : ....

Je raisonne
dans l'espace et dans le temps

Fiche **10**

À vos marques, prêts, partez !

→ **Découpe les étiquettes mots ou animaux de la Fiche-matériel 10.**
→ **Ces animaux participent à une course. Complète le tableau avec le nom des animaux ou les dessins selon les ordres d'arrivée possibles.**
Attention, la girafe est toujours 1re ou 2e et le lion 3e ou 4e.

girafe chien crocodile lion

1er	2^{e}	3^{e}	4^{e}
girafe			
girafe			
girafe			
girafe			
	girafe		
	girafe		
	girafe		
	girafe		

Nom : ....

Le dessinateur

→ **Observe bien chaque image.**
→ **Dessine ce qui manque sur chacune.**

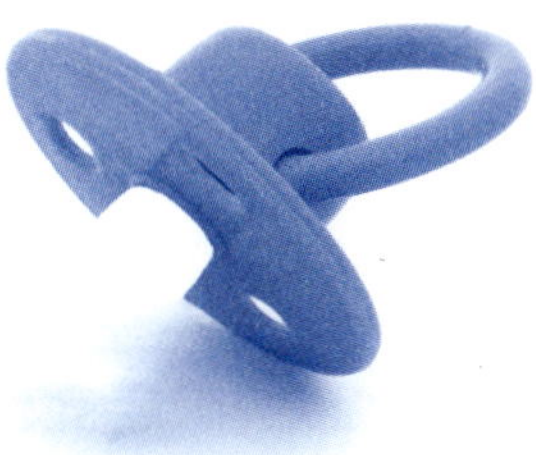

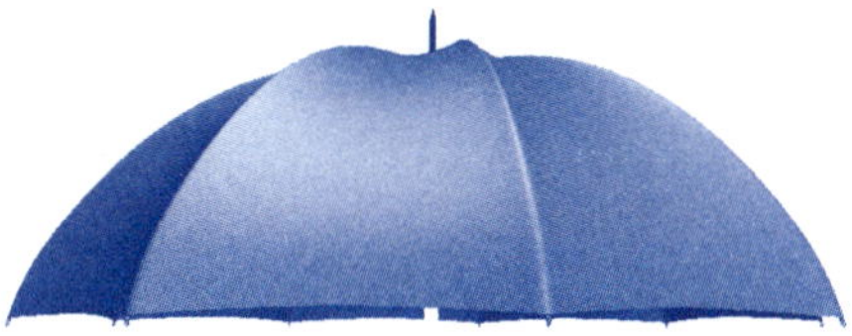

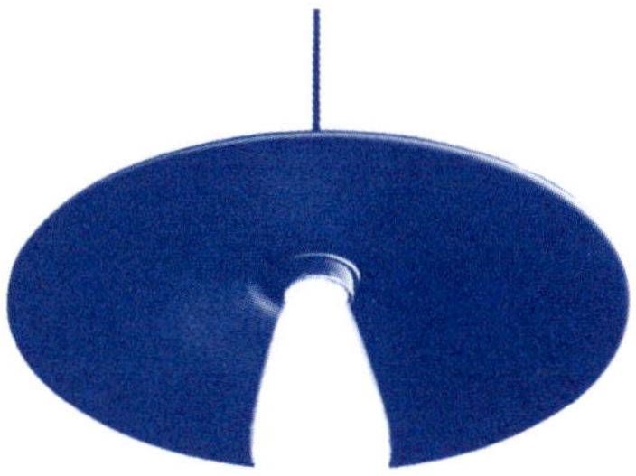
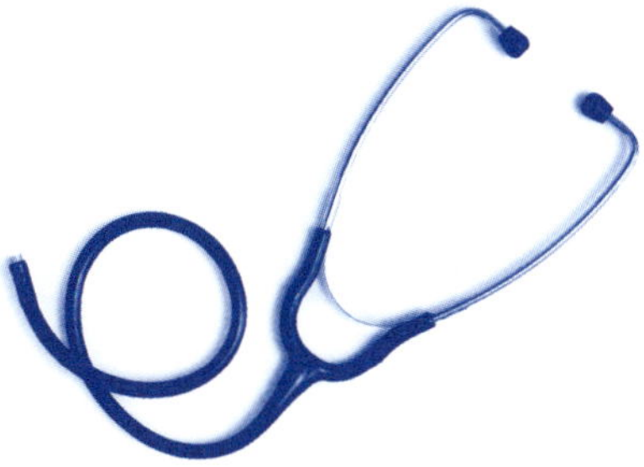

Nom : ....

Je raisonne
dans l'espace et dans le temps

Fiche **12** *

L'architecte

→ **Relie chaque figure à gauche avec les pièces qui la composent.**

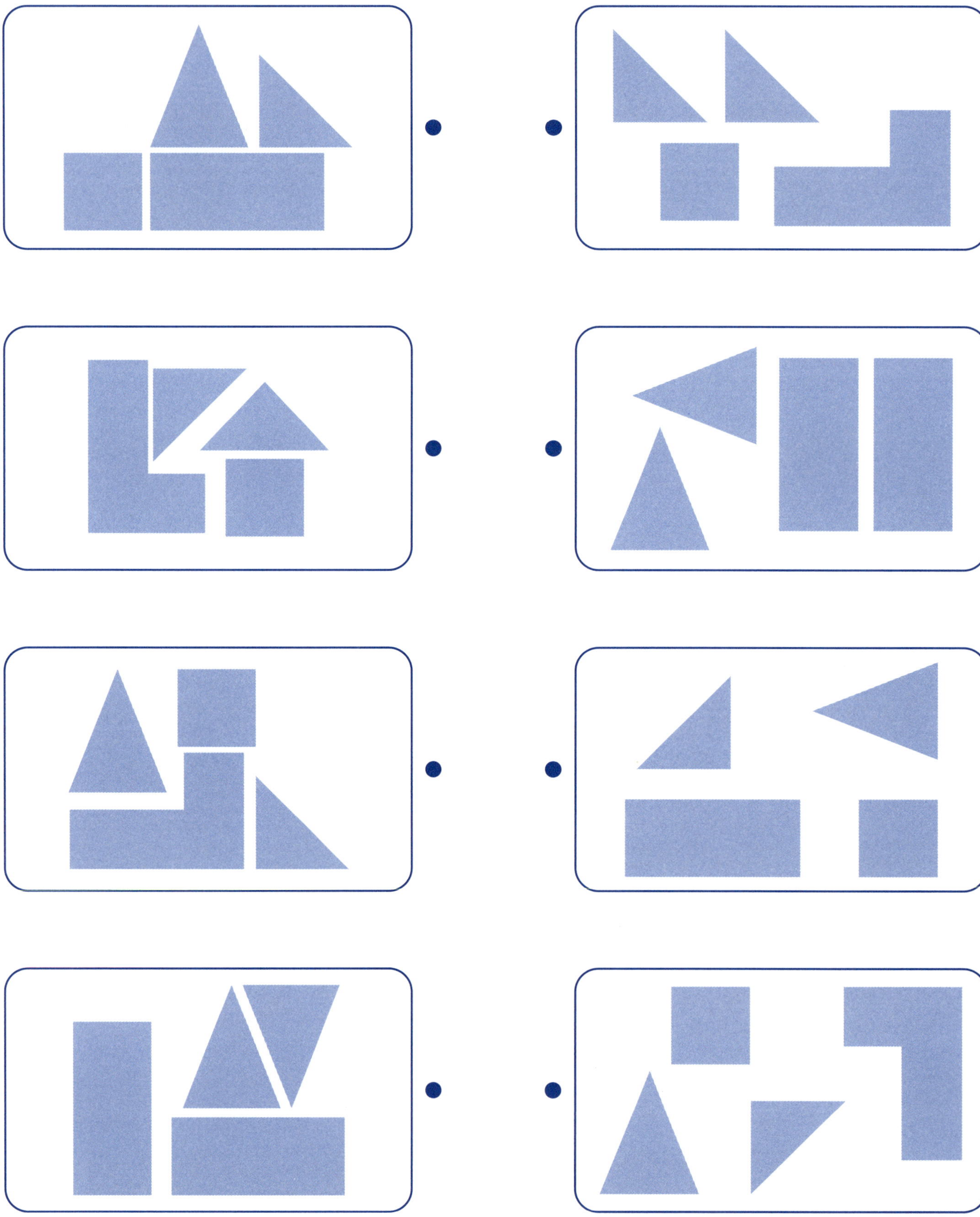

Nom : ....

Le rectangle parfait

→ **Relie chaque pièce de puzzle à celle qui s'emboite pour former un rectangle.**

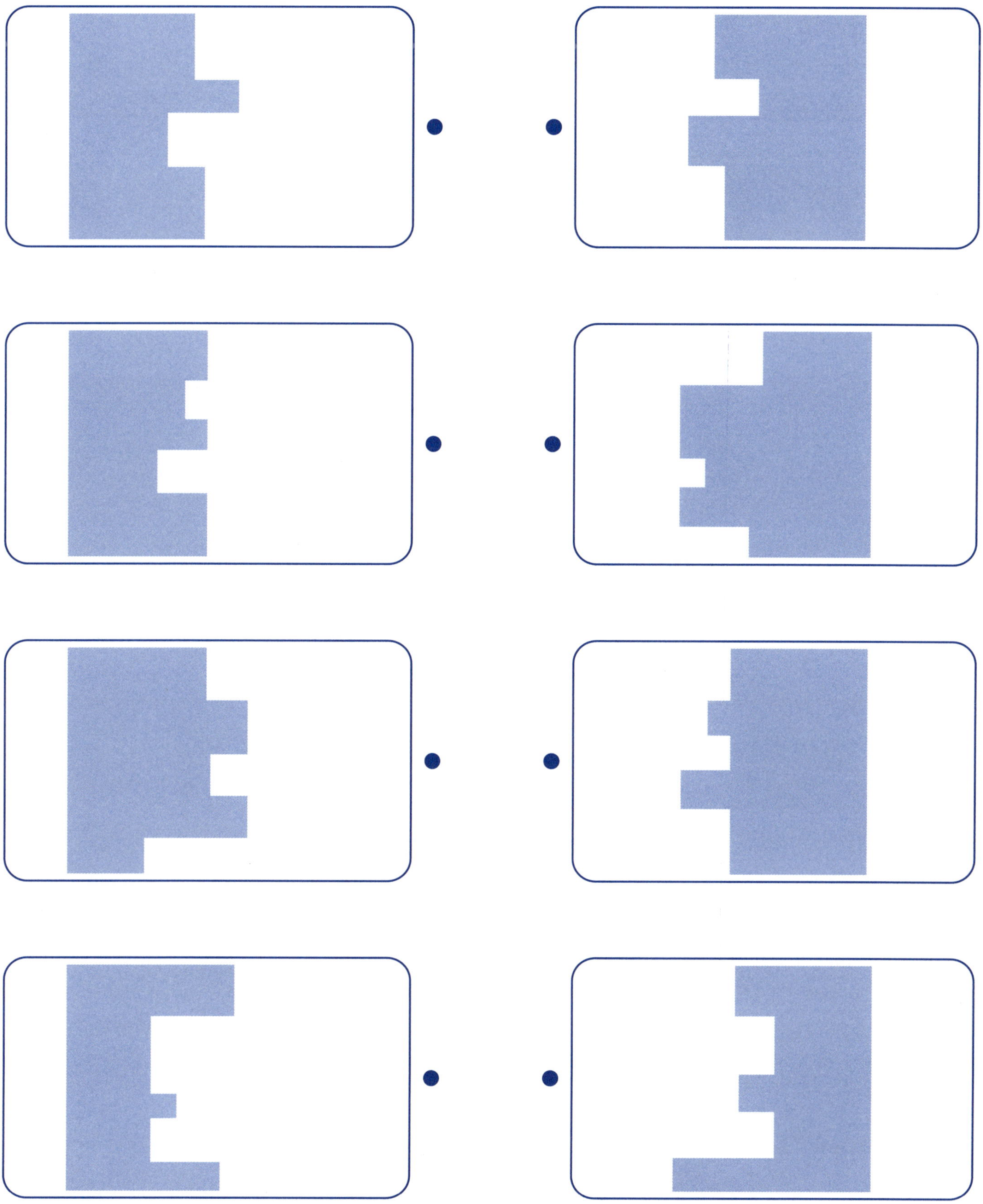

Nom : ....

Superposition (1)

→ **Découpe les carrés de couleur de la Fiche-matériel 14.**
→ **Reproduis chaque modèle en superposant les carrés de couleur à ta disposition sur ta table.**
→ **Quand tu as fini, tu peux les coller sur ta fiche.**

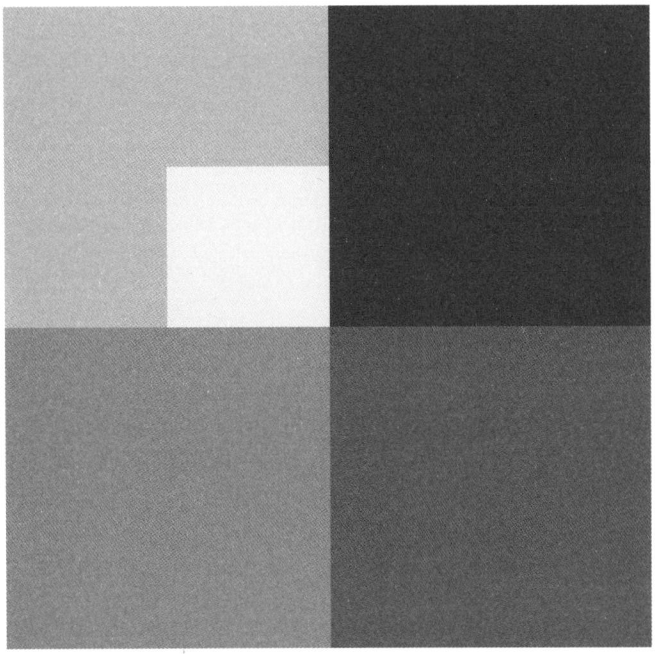

Superposition (2)

→ **Retrouve l'ordre dans lequel ont été placées les figures.**
→ **Entoure la bonne solution pour chaque figure.**

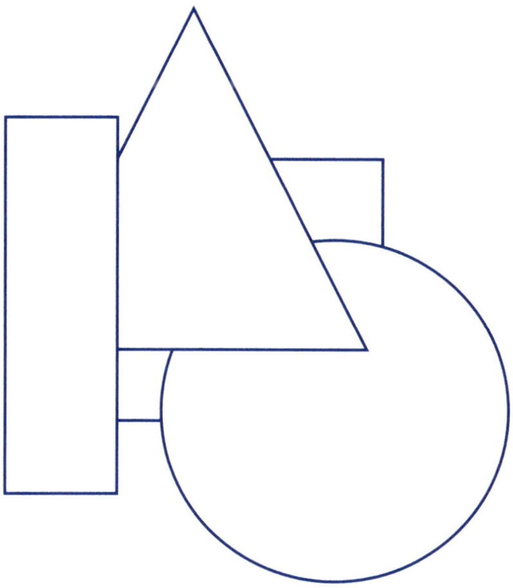

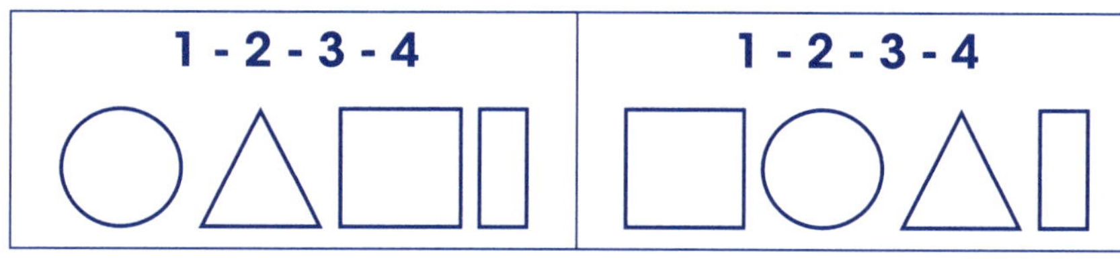

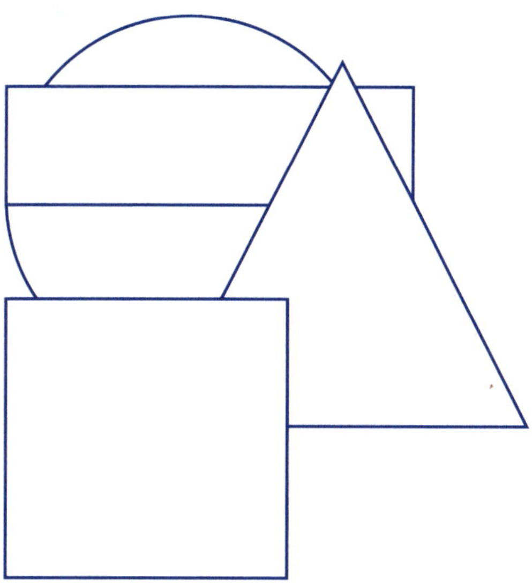

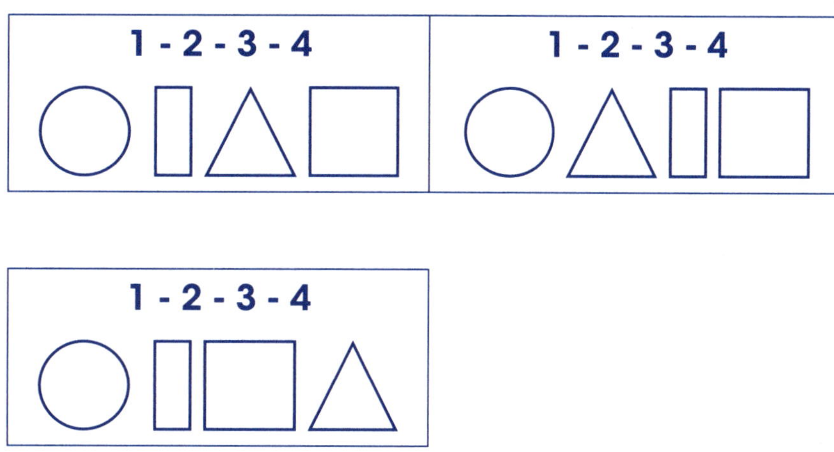

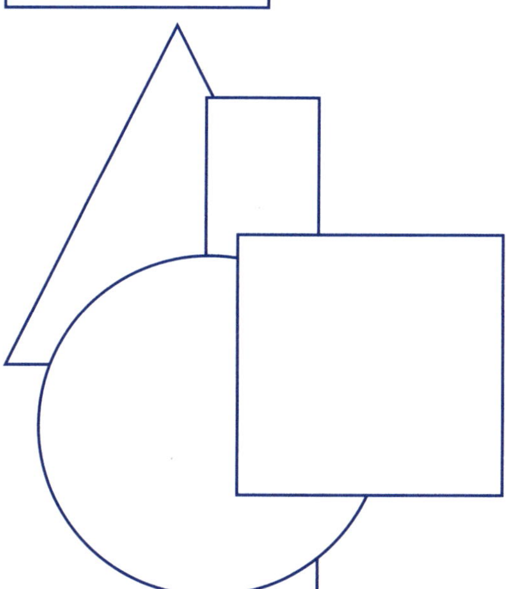

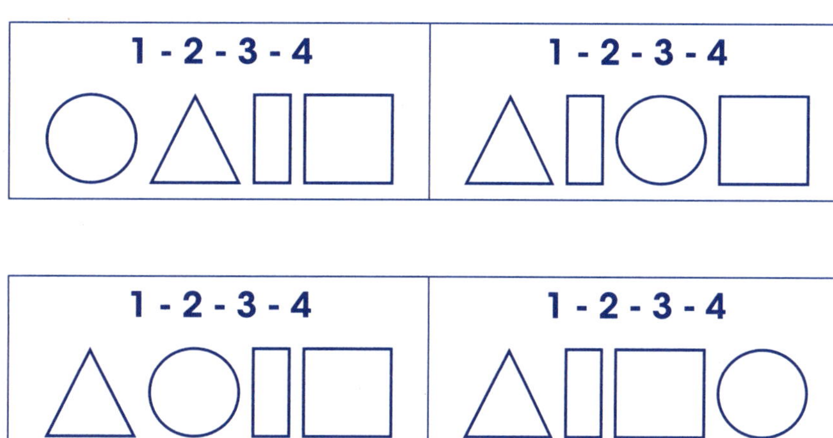

Nom : ....

Avant/après

→ **Découpe les images de la Fiche-matériel 16.**
→ **Retrouve ce qui se passe avant et après chaque dessin.**

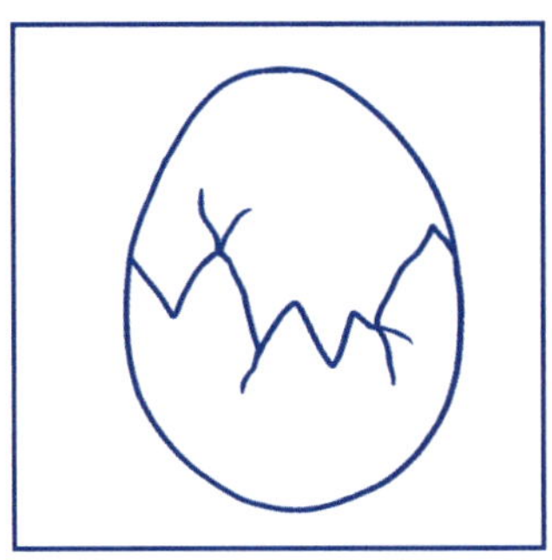

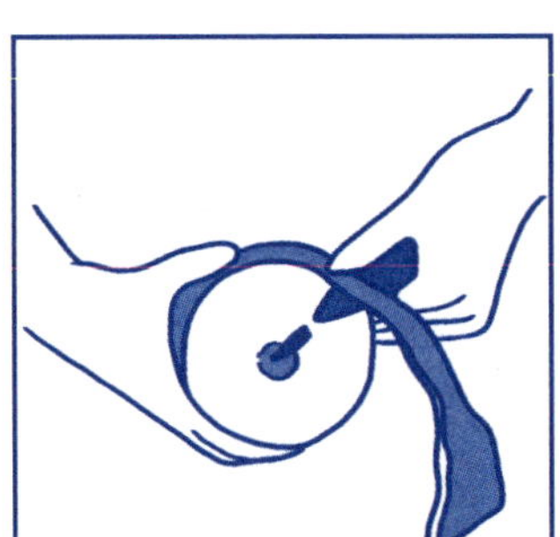

Nom : ....

Les étapes du récit

→ **Découpe les images de la Fiche-matériel 17.**
→ **Colle-les pour reconstruire chaque histoire dans le bon ordre.**

★

♥

O

▲

Les étapes du mouvement

→ **Découpe les images de la Fiche-matériel 18.**
→ **Colle-les dans l'ordre pour reconstruire les mouvements dans chaque histoire.**

Les ombres (1)

→ **Découpe les images de la Fiche-matériel 19.**
→ **Colle l'ombre de chaque feuille à la bonne place.**

Les ombres (2)

→ **Relie chaque feuille à l'ombre correspondante.**

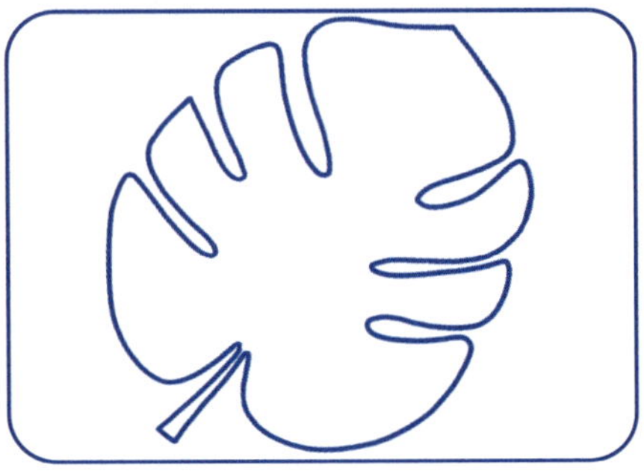
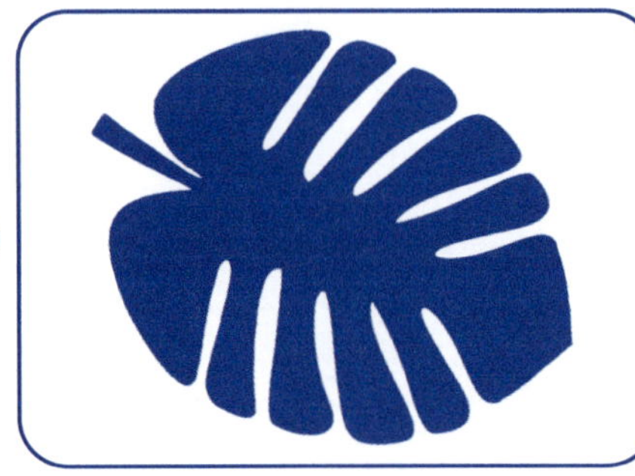
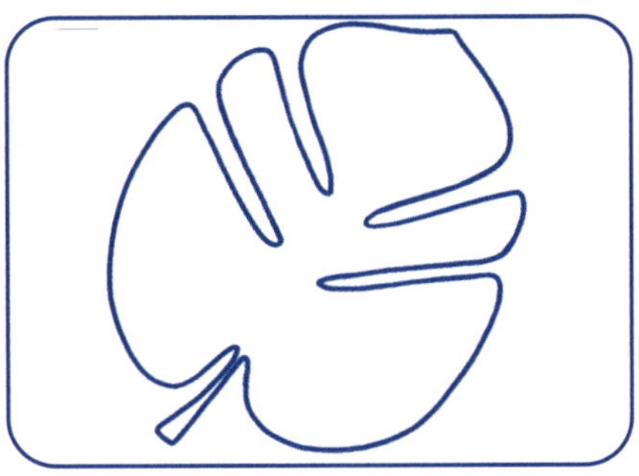
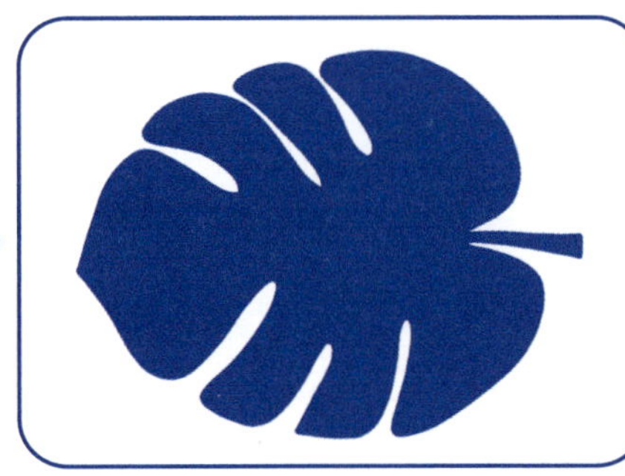
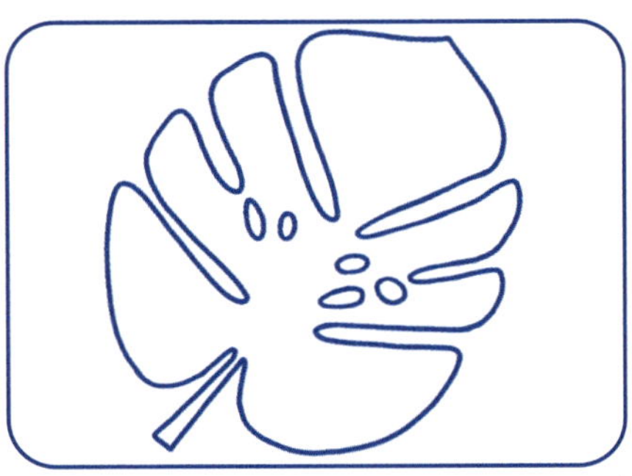
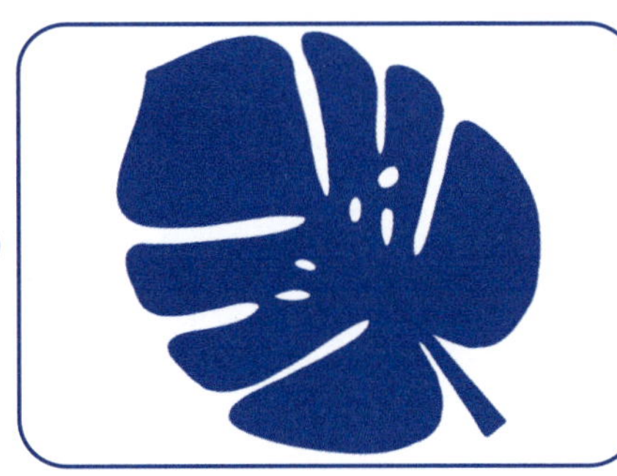
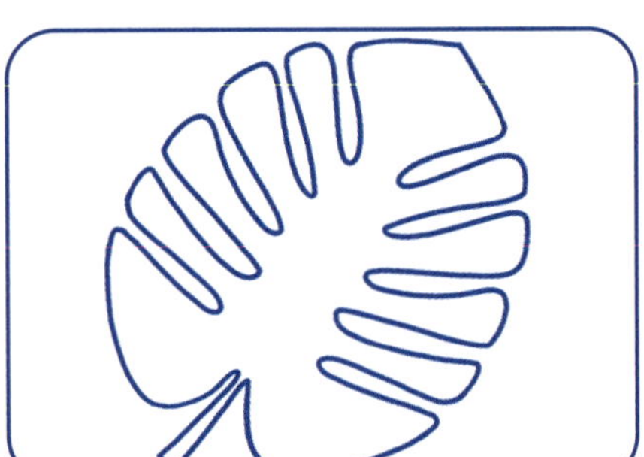
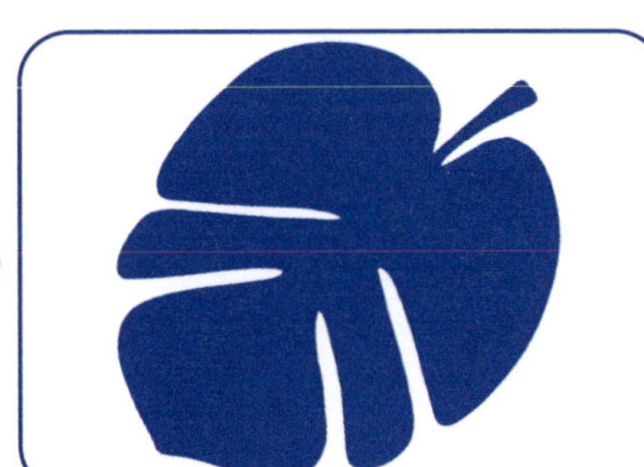

Nom: ....

Le trousseau de clés

→ **Entoure la clé qui correspond à chaque serrure.**

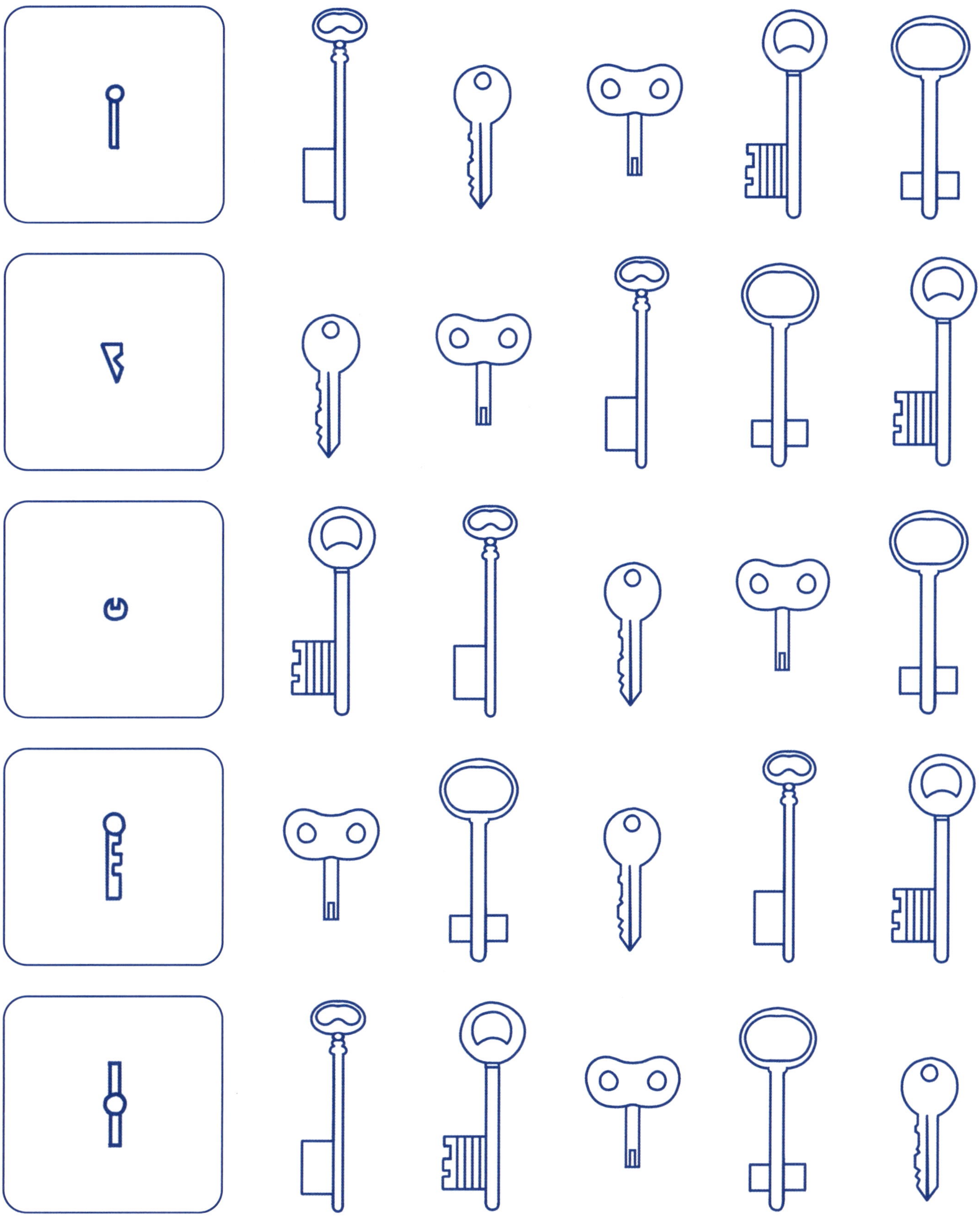

Les constructions (1)

→ **Retrouve la photo que chaque enfant a prise sur la fiche 22 en couleurs.**

→ **Relie chaque personnage à sa photo.**

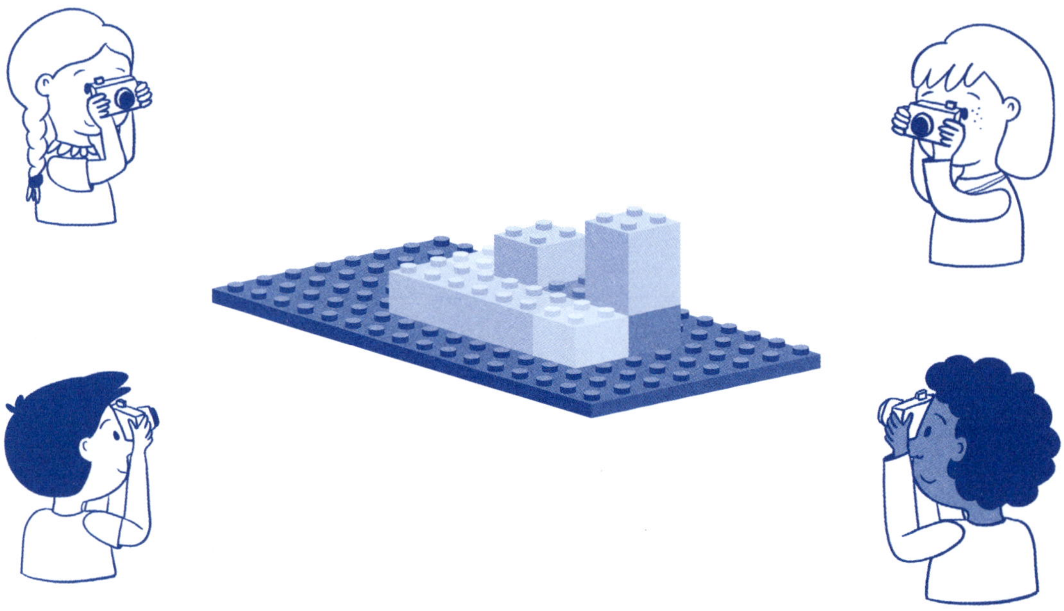

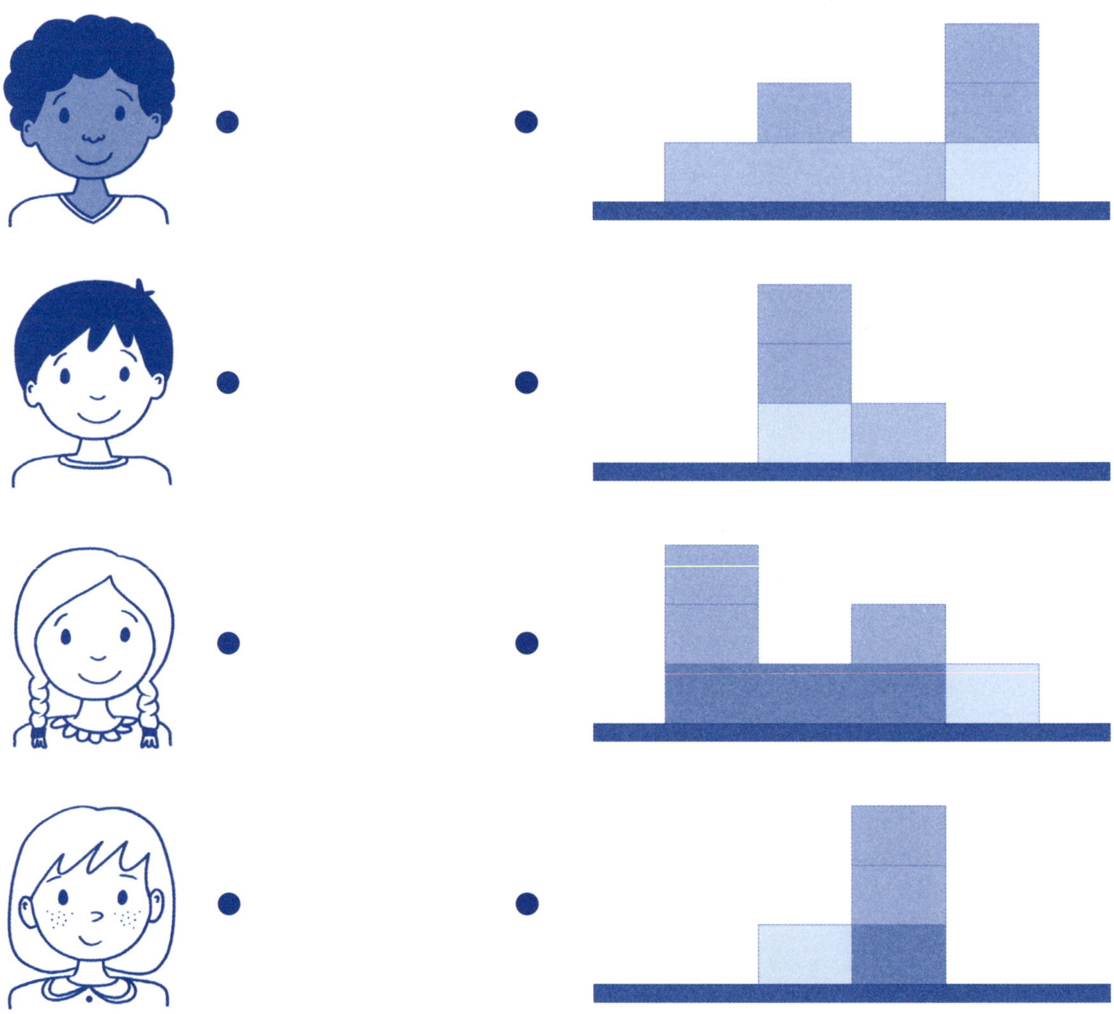

Les constructions (2)

→ **Découpe les images de la Fiche-matériel 23.**
→ **Retrouve les différentes vues de chaque construction.**
→ **Colle-les sur la fiche 23 en couleurs.**

Construction A	**De face**	**De dos**
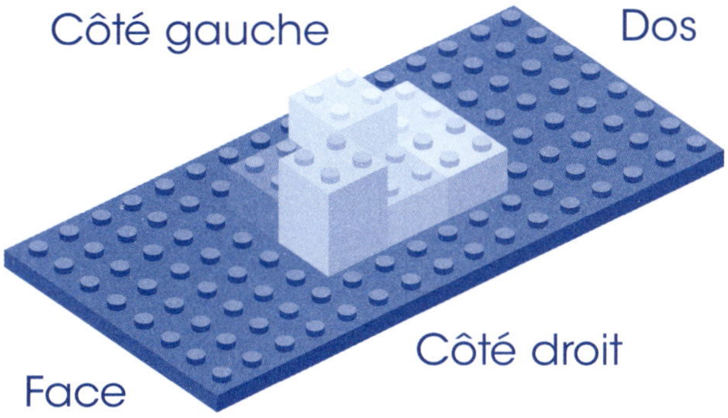	**Côté gauche**	**Côté droit**

Construction B	**De face**	**De dos**
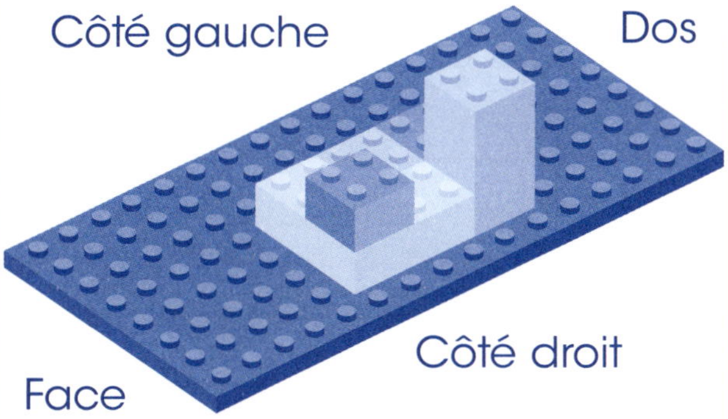	**Côté gauche**	**Côté droit**

Les constructions (3)

→ **Aide les enfants à placer les tours pour que cela corresponde à ce que voit chaque personnage, comme dans l'exemple.**
→ **Dessine les tours sur la fiche 24 en couleurs.**
Exemple :

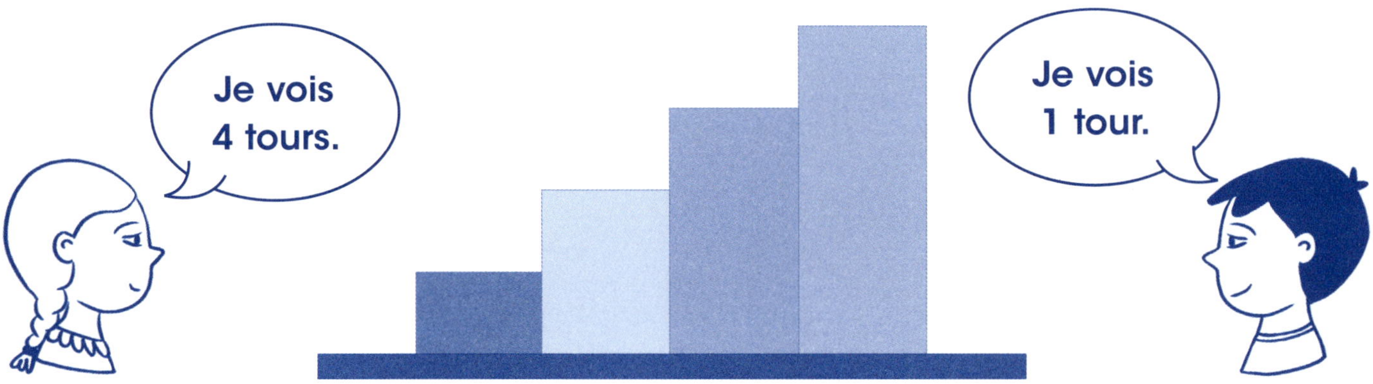

Le coup gagnant (1)

→ **Dans ce jeu, il faut aligner 4 pions de la même couleur pour gagner.**
→ **Trouve le coup qui permettra au joueur de remporter chaque partie.**
→ **Hachure en rouge la bonne case sur la fiche 25 en couleurs.**
→ **C'est aux rouges de jouer !**

Partie 1

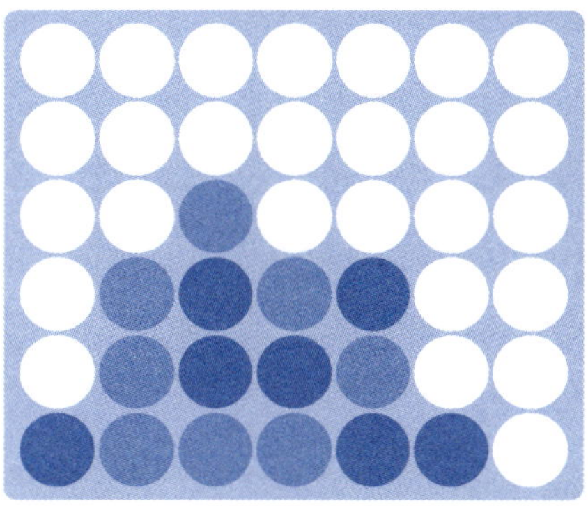

Partie 2

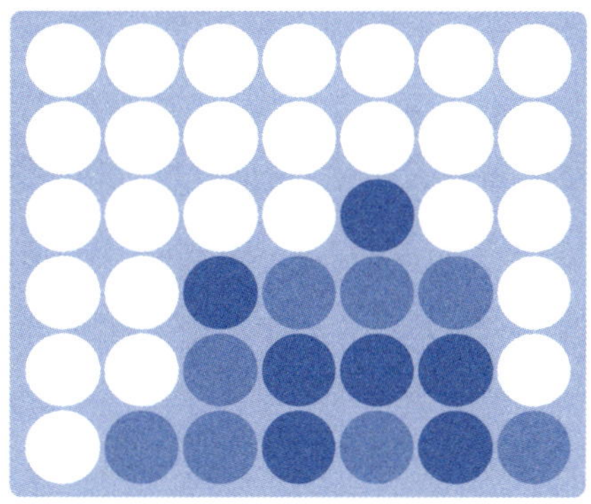

Partie 3

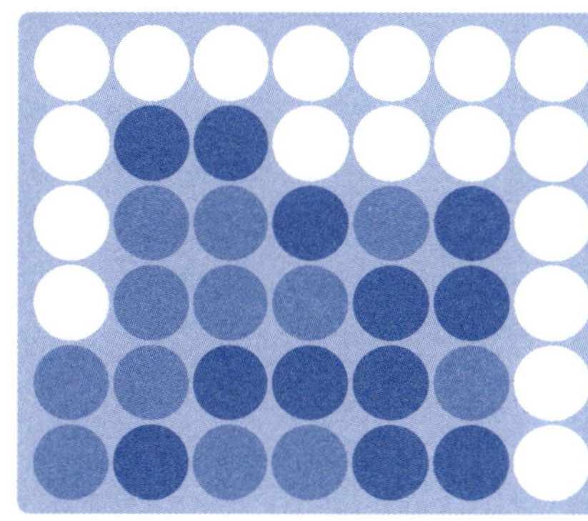

Partie 4

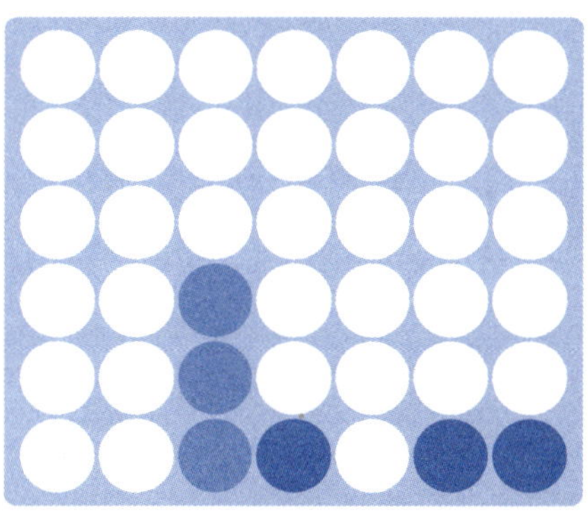

Partie 5

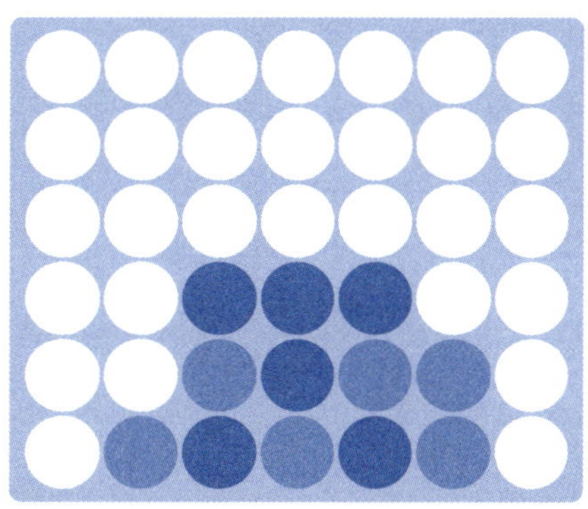

Partie 6

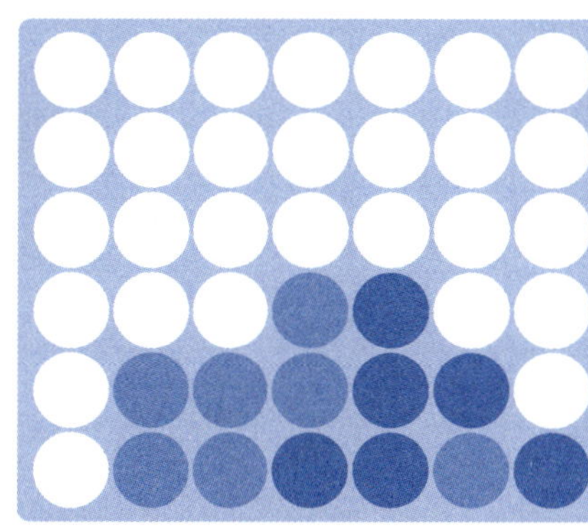

Partie 7

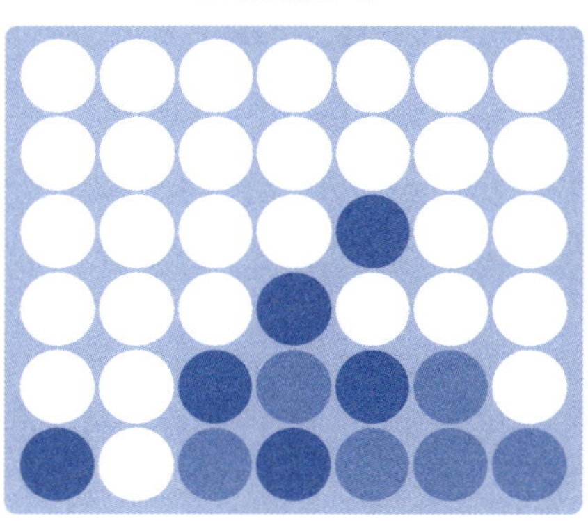

Partie 8

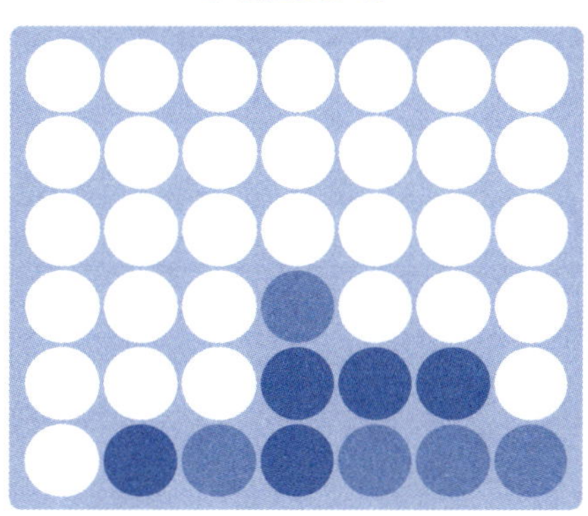

Partie 9

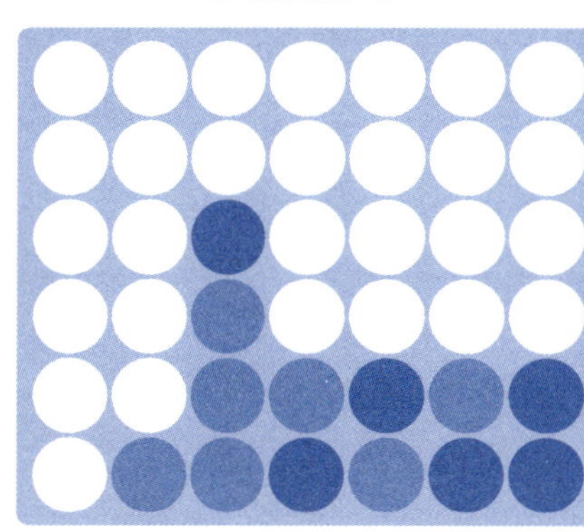

Le coup gagnant (2)

→ **Dans ce jeu du moulin, il faut aligner 3 jetons de sa couleur pour gagner la partie. Les pions peuvent se déplacer le long des lignes, d'un croisement à l'autre.**

→ **Trouve le coup qui permettra de remporter chaque partie.**
C'est aux noirs de jouer !

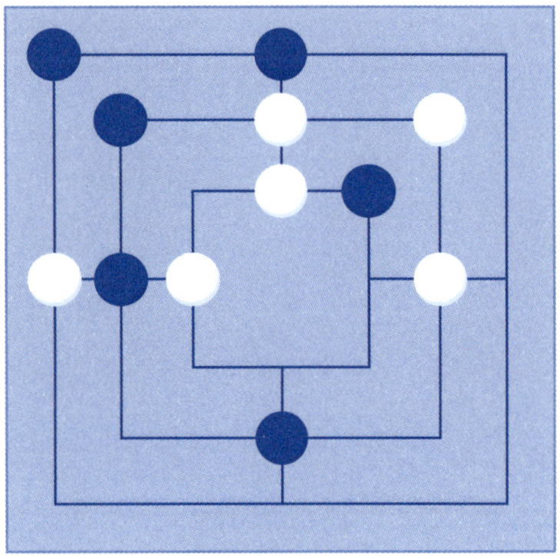

Partie 1

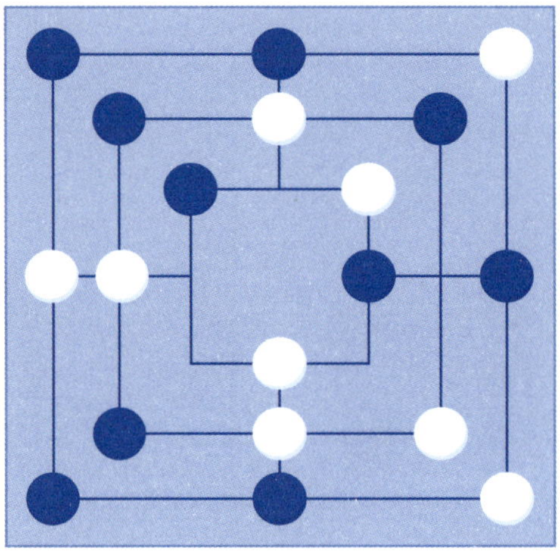

Partie 2

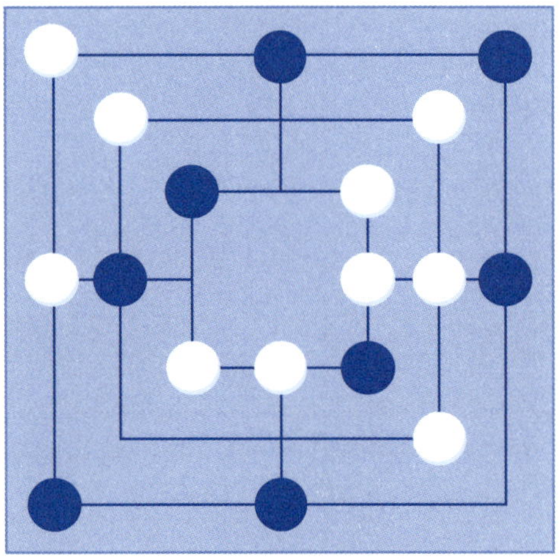

Partie 3

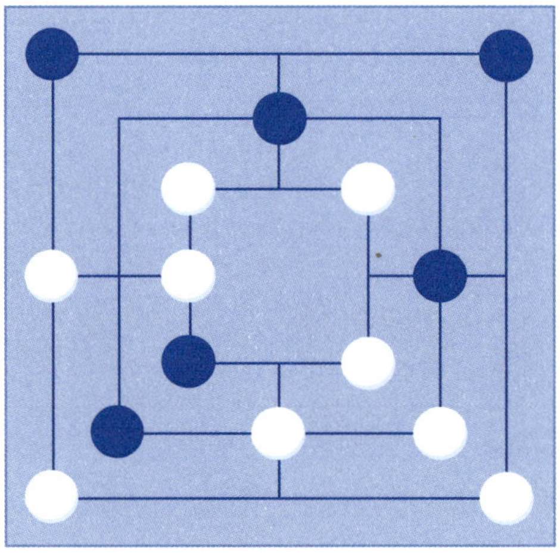

Partie 4

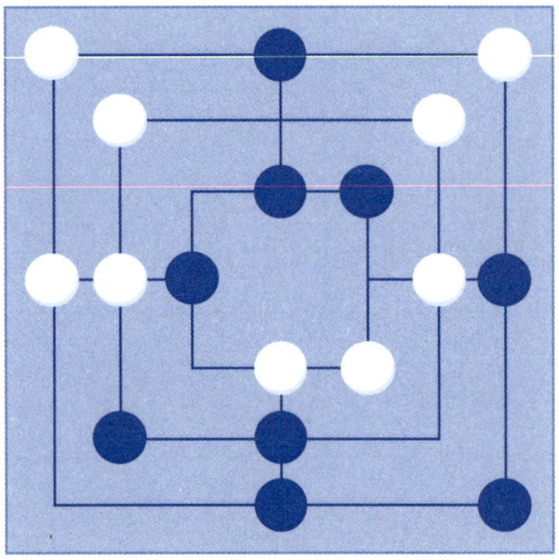

Partie 5

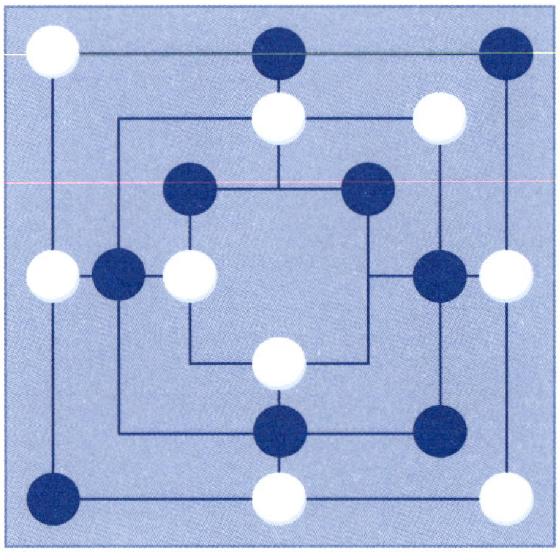

Partie 6

Nom : ....

Le chemin du loup

→ **Aide le loup à attraper sa proie en suivant toujours l'ordre des couleurs indiqué sous chaque quadrillage. Entoure le personnage qui sera mangé sur chaque quadrillage sur la fiche 27 en couleurs.**

Partie 1

Partie 2

Partie 3

Partie 4

Nom : ....

Je raisonne
dans l'espace et dans le temps

Fiche **28**

La Tour de Londres

→ **Déplace les boules une par une pour atteindre la position d'arrivée.**
Tu ne peux pas placer plus d'une boule à gauche, pas plus de 2 boules au milieu et pas plus de 3 boules à droite.

→ **Dessine les déplacements des boules sur la fiche 28 en couleurs.**

Partie A :

Position de départ

Étape intermédiaire

Position d'arrivée

Partie B :

Position de départ

Étape 1

Étape 2

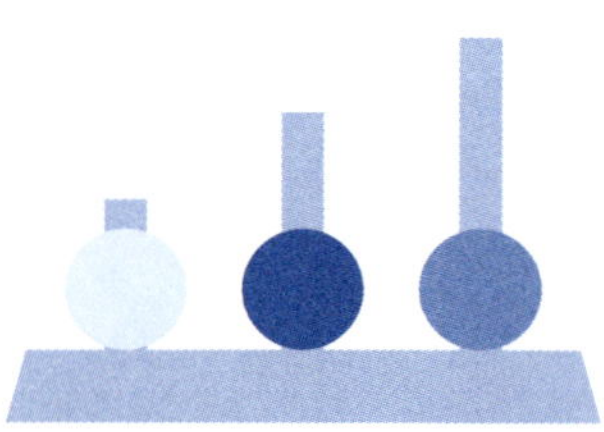
Position d'arrivée

Partie C :

Position de départ

Étape intermédiaire

Position d'arrivée

La pièce perdue

→ **Trouve la pièce qui permet de compléter chaque carré.**
→ **Entoure la bonne réponse sur chaque ligne.**

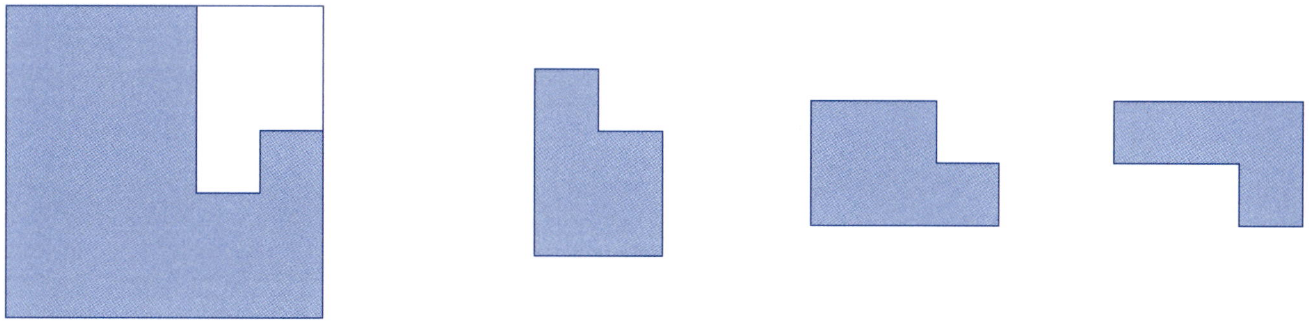

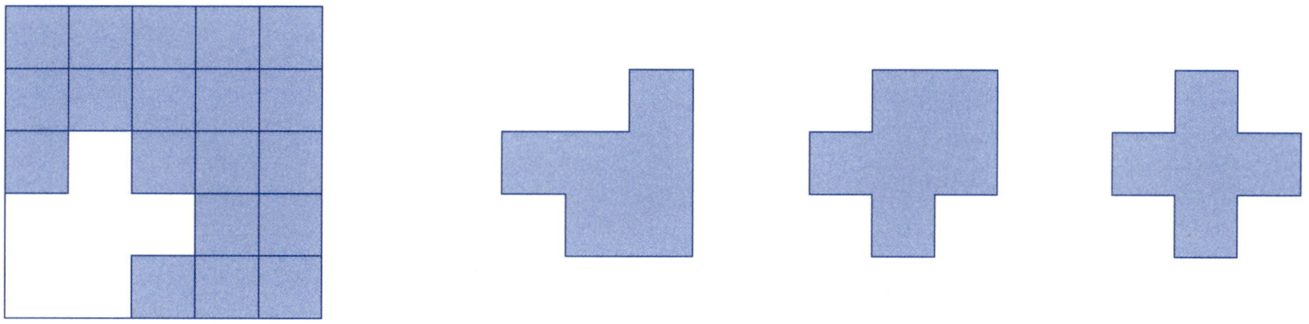

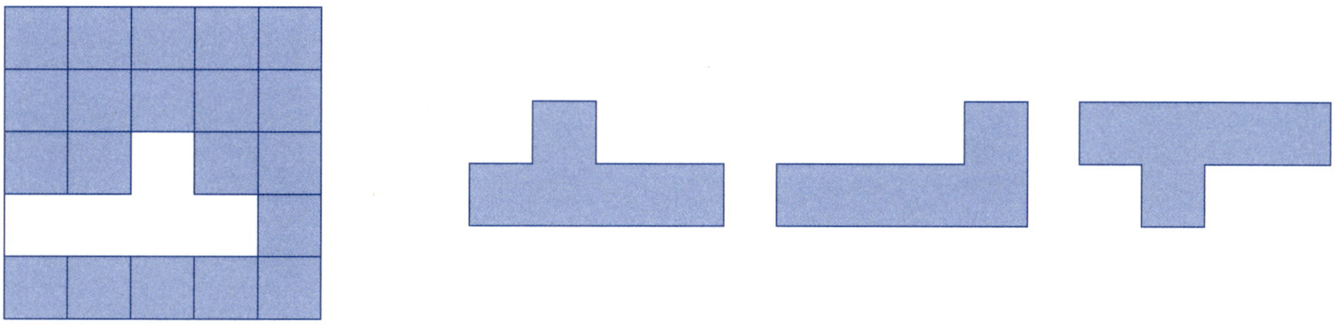

Puzzle logique

→ **Découpe les véhicules de la Fiche-matériel 30.**
→ **Place les différents véhicules dans le quadrillage pour le remplir entièrement.**

Problème de jardinier

→ **Découpe les pièces de la Fiche-matériel 31.**
→ **Place-les de manière à ne laisser apparaitre que les coquelicots.**

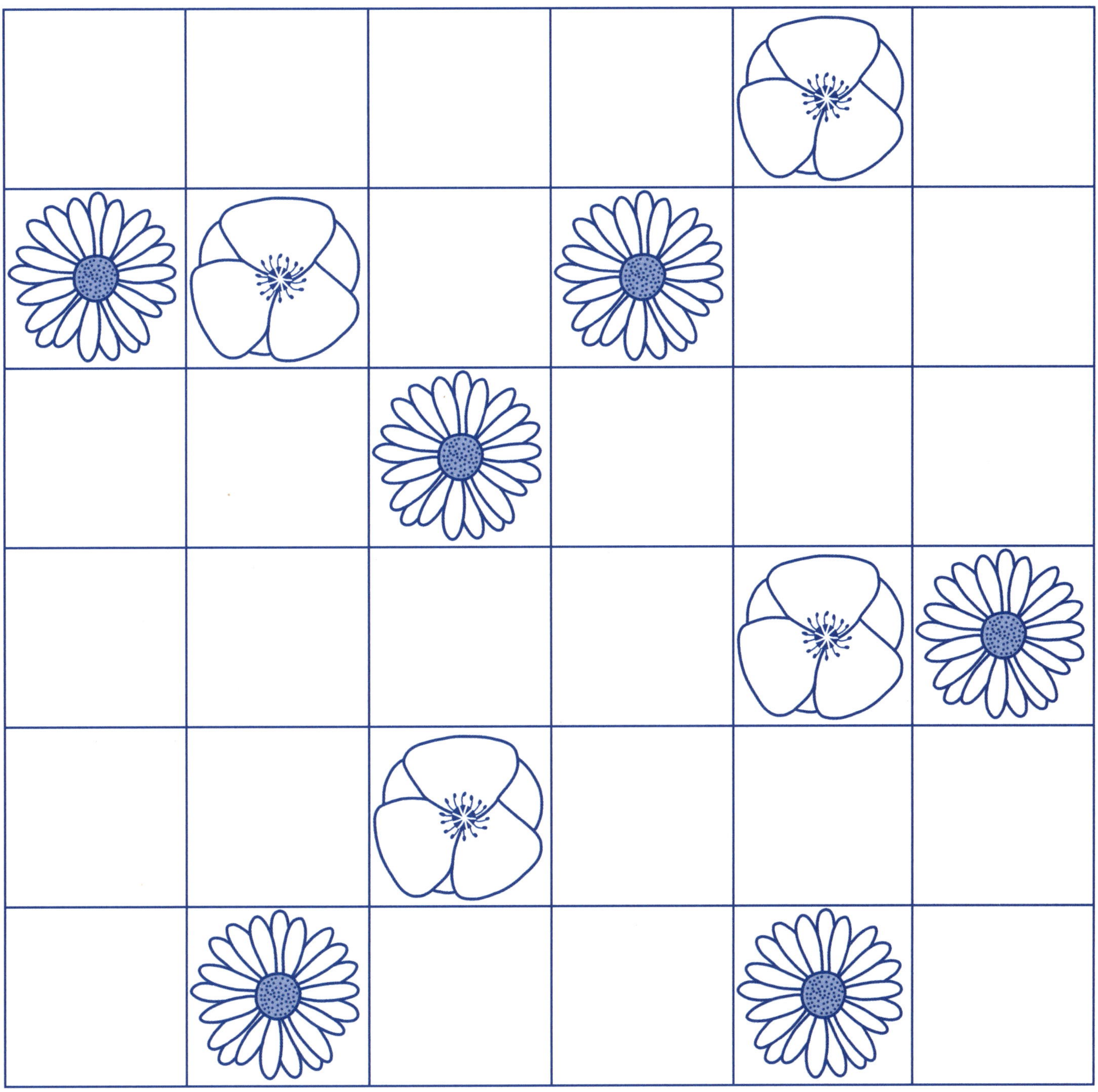

La liste de courses

→ **Aide Romy et Sam à faire leurs courses. Suis bien l'ordre des ingrédients de leur liste de courses.**
→ **Dessine leur parcours de deux couleurs différentes.**

1. Lait
2. Chocolat
3. Livre
4. Pâtes
5. Banane

1. Pain
2. Fromage
3. Gâteaux
4. Lait
5. Maïs en boite

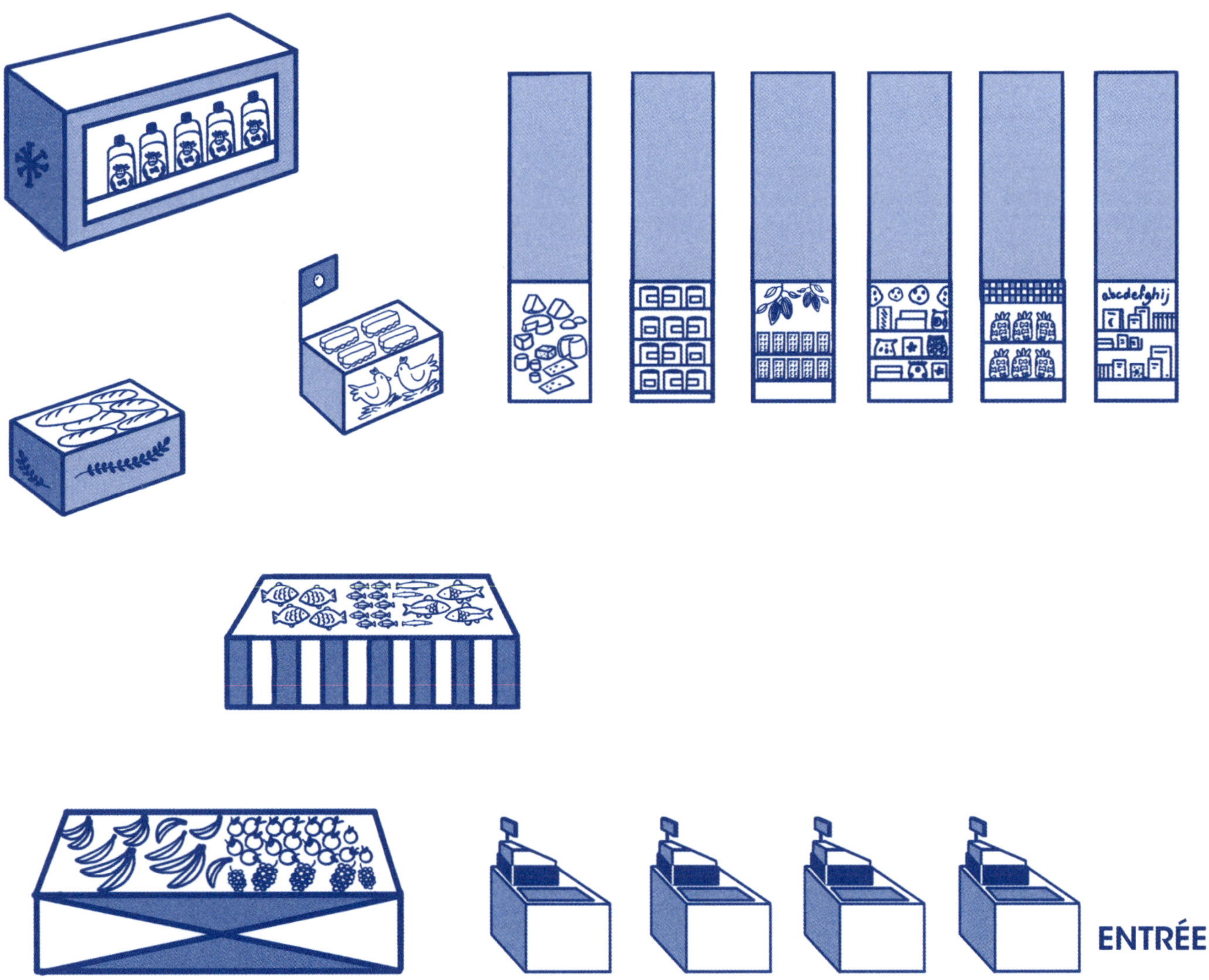

Le parc d'attractions

→ **Trouve les attractions que Léo verra depuis chacun des bancs.**
→ **Remplis le tableau avec le nom des attractions.**

	Devant	À gauche	À droite
Banc 1			
Banc 2			
Banc 3			
Banc 4			
Banc 5			

Chemins possibles

→ **Écris où se trouve le tennis, le dentiste, la piscine et l'école.**

→ **Retrouve la maison de chaque enfant en t'aidant de ce que chacun dit. Attention, aucun enfant ne revient sur ses pas pendant les trajets.**

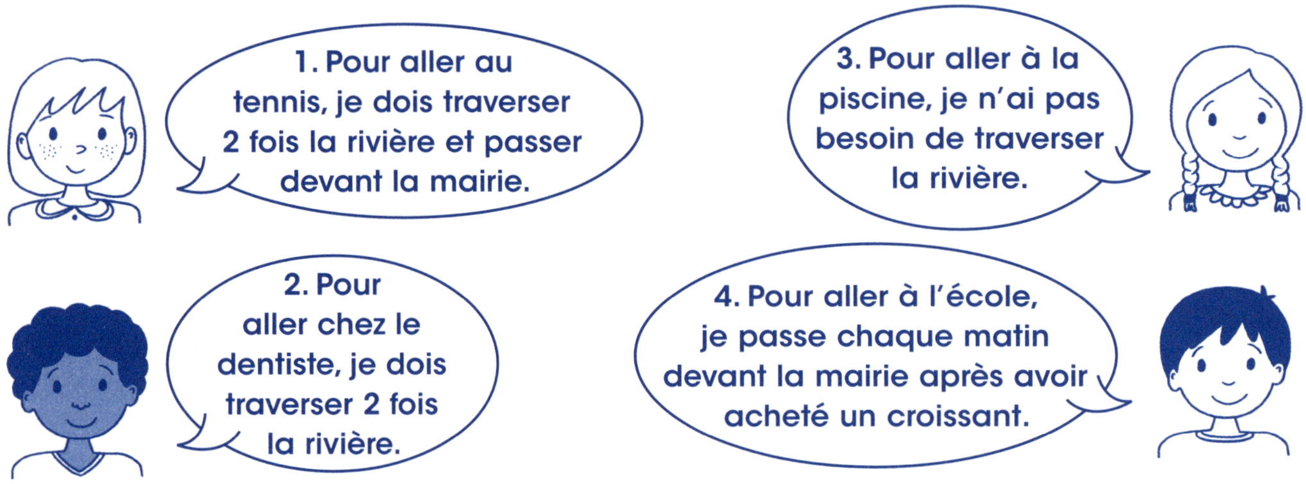

Nom : ....

Je raisonne avec les mots

Fiche 35 *

C'est dans la boite !

→ **Découpe les étiquettes de la Fiche-matériel 35.**
→ **Associe chaque élément à la boite dans laquelle il peut être rangé.**

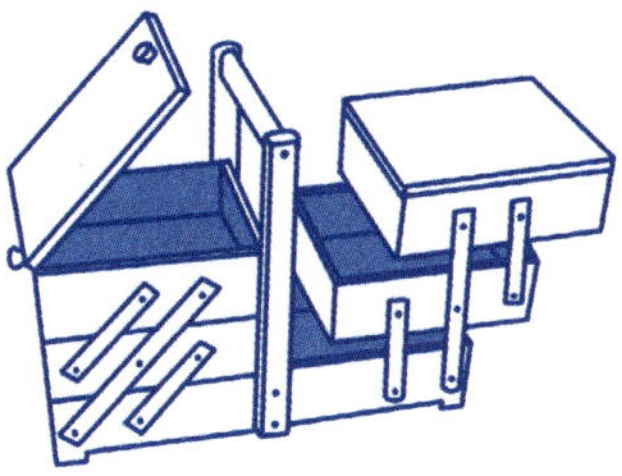

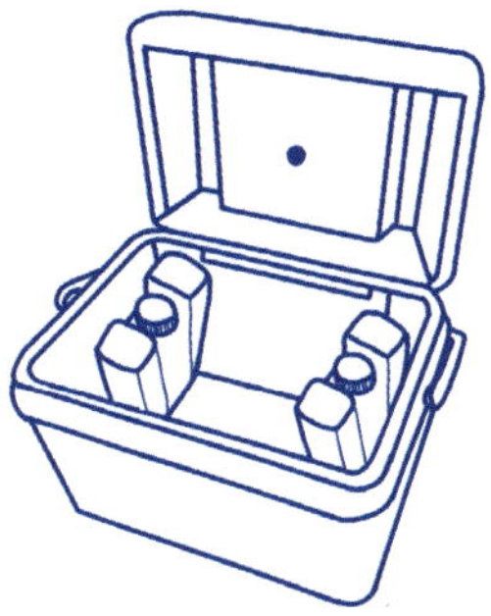

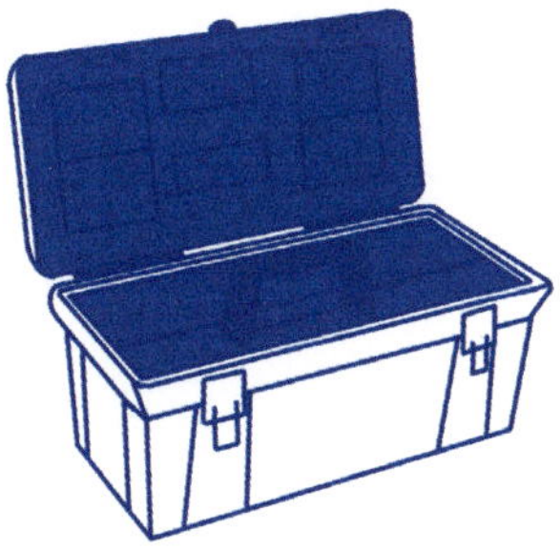

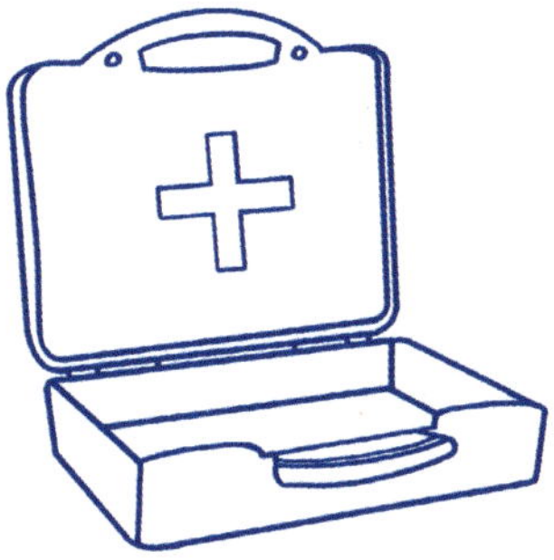

Nom : ....

Ça me fait penser à...

→ **Écris ou dessine ce que t'évoque chacun des mots proposés.**

vacances		mathématiques	
animal		cinéma	
école		jardin	
tristesse		hiver	
lecture		mer	
Noël		hôpital	
vêtements		insecte	

Nom : ....

Je raisonne avec les mots

Les deux font la paire

→ **Colorie d'une même couleur les mots qui te font penser à la même chose.**

stylo	joie	tournevis
tulipe	jongleur	marguerite
clown	voiture	cheville
bonbon	genou	banane
marteau	framboise	camion
crayon	peur	sucette

Nom : ....

Catég'os

→ **Découpe les étiquettes de la Fiche-matériel 38.**
→ **Place chaque os dans la gamelle correspondante.**

Sports	**Jouets**	**Boissons**
Instruments	**Ustensiles**	**Arbres**

Nom : ....

Je raisonne avec les mots

Fiche **39**

Le mot étiquette

→ **Découpe les étiquettes de la Fiche-matériel 39.**

→ **Trouve le titre de chaque catégorie. Écris-le ou colle l'étiquette au-dessus des dessins correspondants.**

	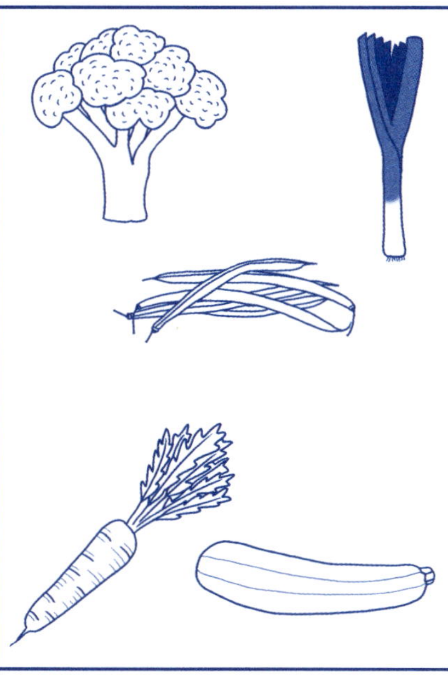	

Nom : ....

L'armoire à mots

→ **Découpe les bocaux de la Fiche-matériel 40.**

→ **Range les bocaux dans les armoires puis écris le nom de la catégorie correspondant dessous.**

Nom : ....

Je raisonne
avec les mots

Fiche **41** *

Le bon geste (1)

→ **Lorsque tu vois une bouche, lève la main.**
→ **Lorsque tu vois une main levée, touche ta bouche.**

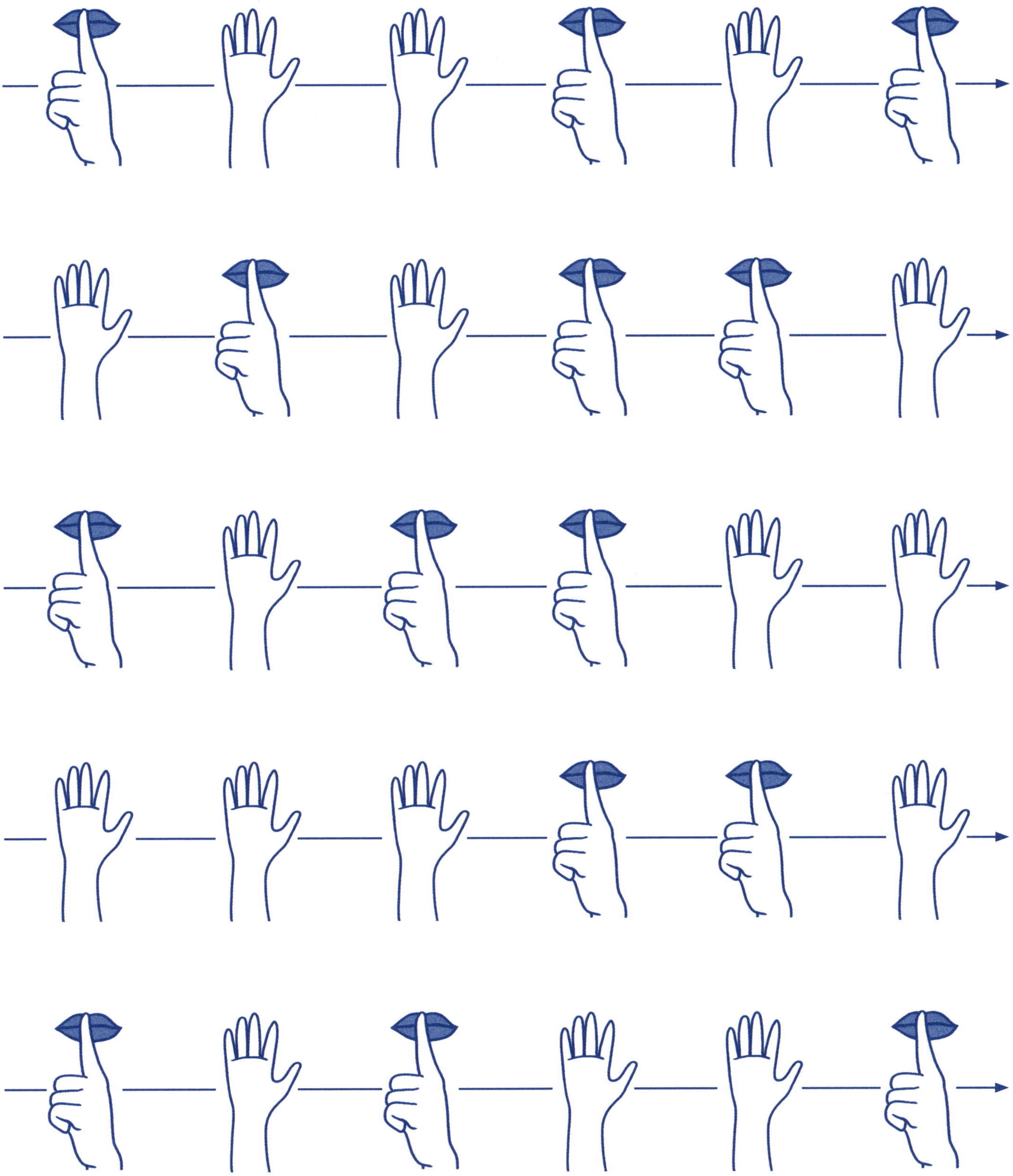

Le bon geste (2)

→ **Lorsque tu vois une bouche, lève la main.**
→ **Lorsque tu vois un enfant, touche ta bouche.**
→ **Lorsque tu vois une main levée, bouche tes oreilles.**

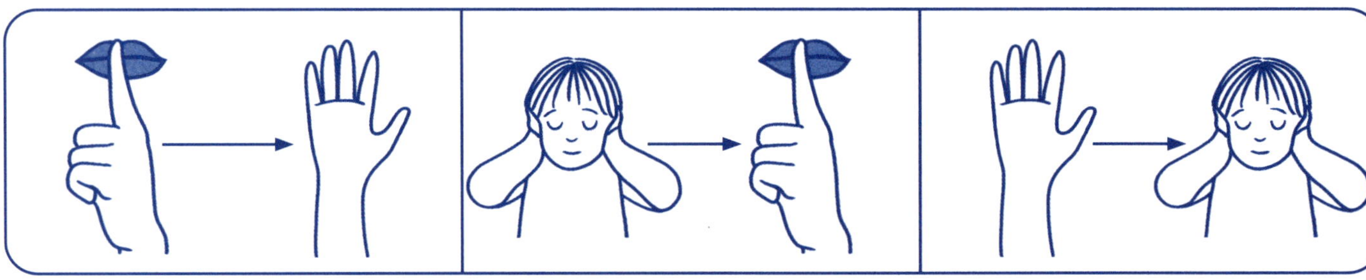

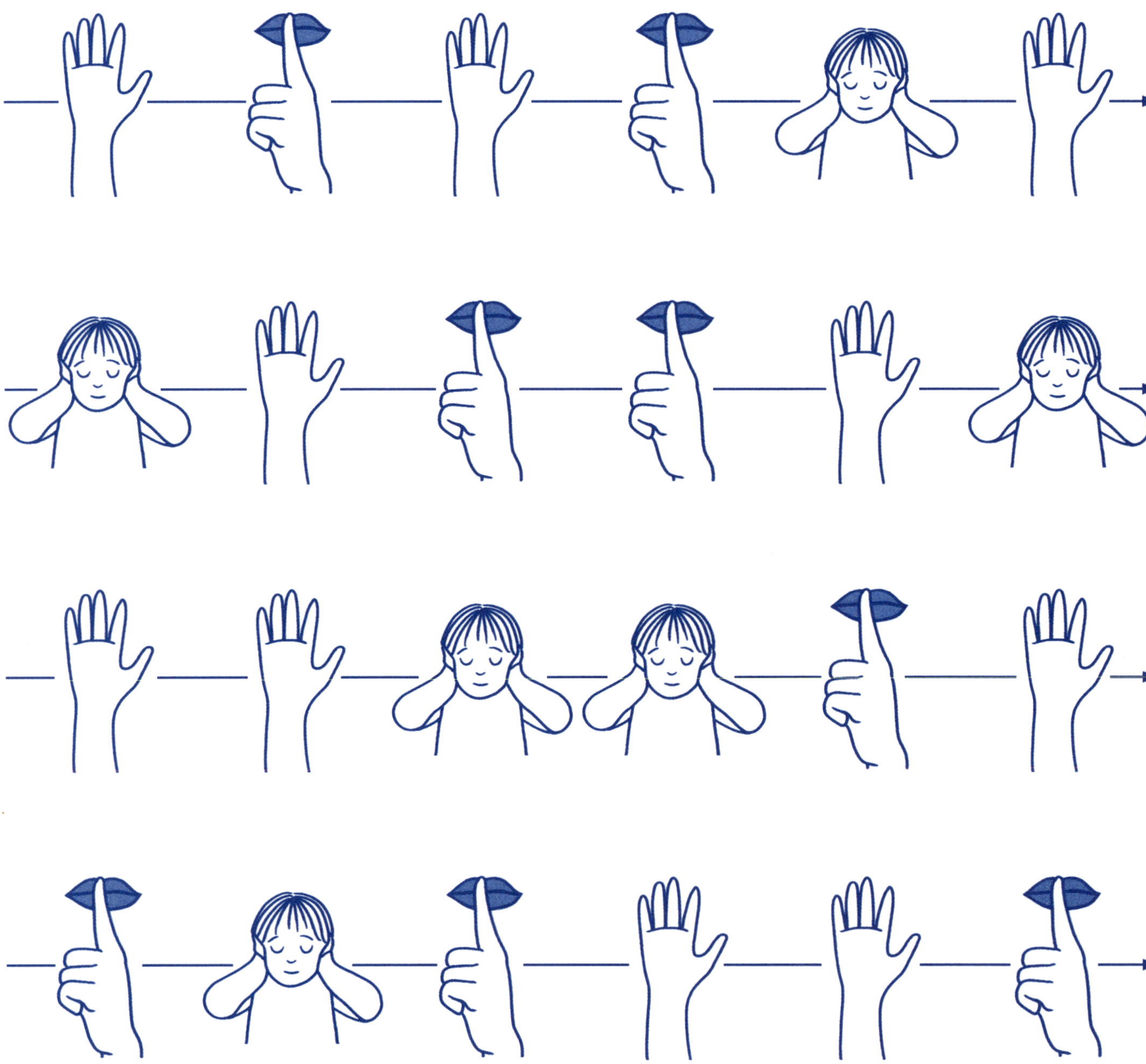

Nom : ....

Je raisonne avec les mots

Fiche **43**

Le bon mot (1)

→ **Lorsque tu vois un oiseau, dis « nage ».**
→ **Lorsque tu vois un poisson, dis « vole ».**

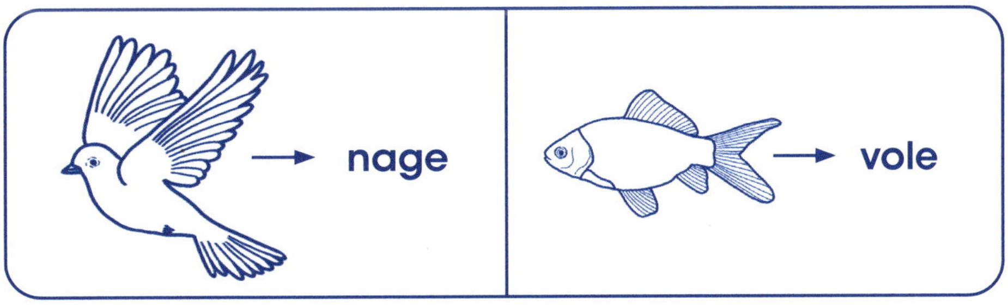

Nom : ....

Le bon mot (2)

→ **Lorsque tu vois un oiseau, dis « nage ».**
→ **Lorsque tu vois un poisson, dis « marche ».**
→ **Lorsque tu vois un tigre, dis « vole ».**

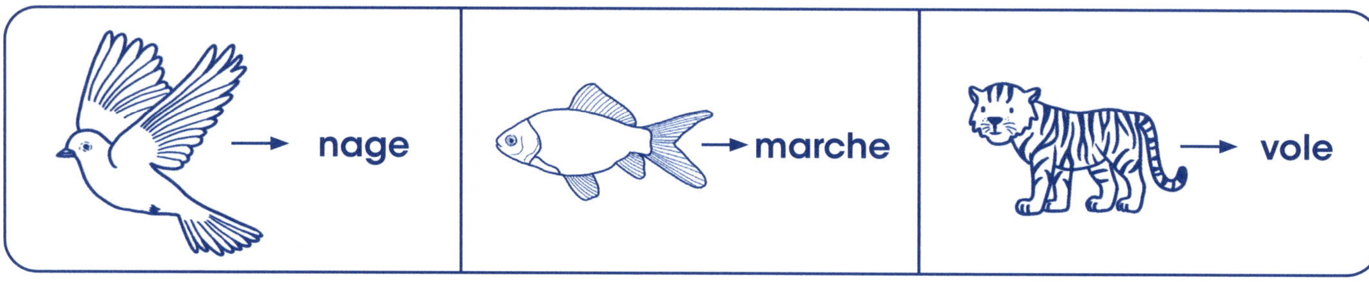

La bonne consigne (1)

→ **Barre les soleils qui sont entre deux nuages.**
→ **Entoure les autres.**

La bonne consigne (2)

→ **Barre l'animal si celui qui suit a 4 pattes.**
→ **Entoure l'animal si celui qui suit a 2 pattes.**

Exemple :

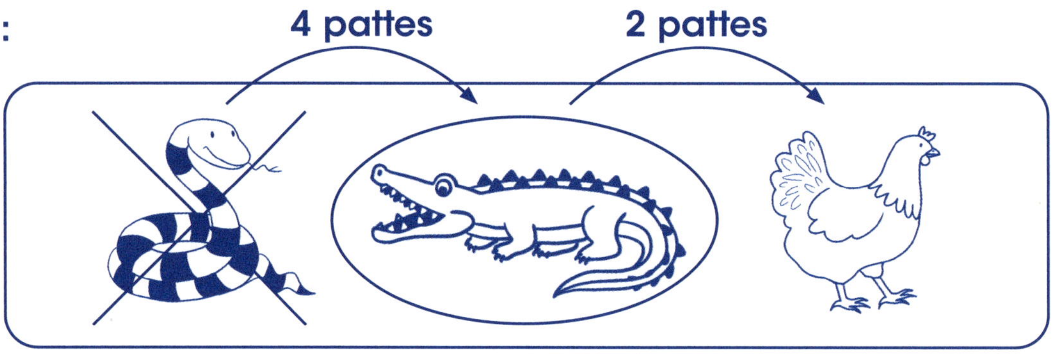

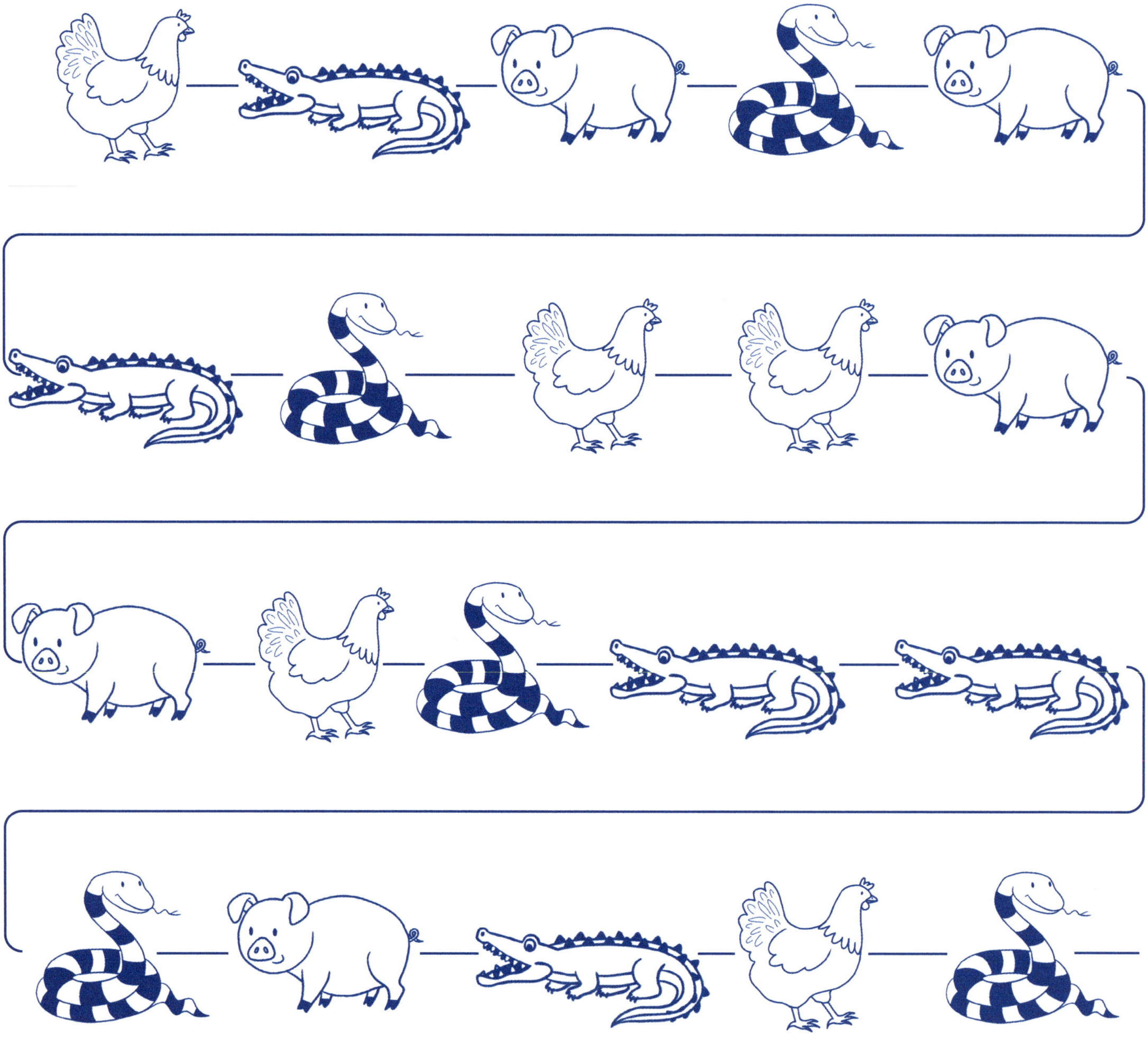

Nom : ....

Le test des tracés

→ **Relie le plus vite possible les nombres de 1 à 10.**

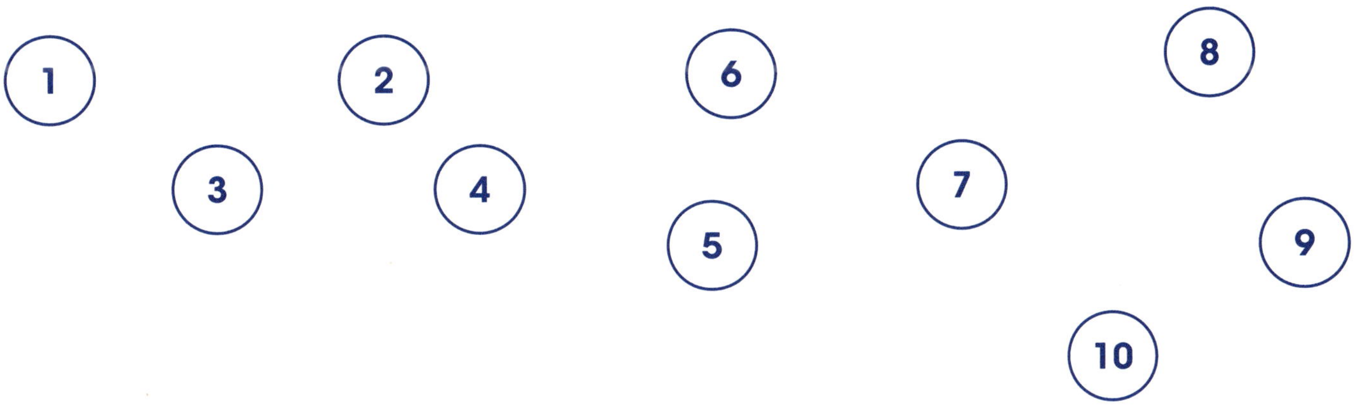

→ **Relie le plus vite possible en alternant les nombres et les lettres (exemple : 1/A/2/B/3/C...).**

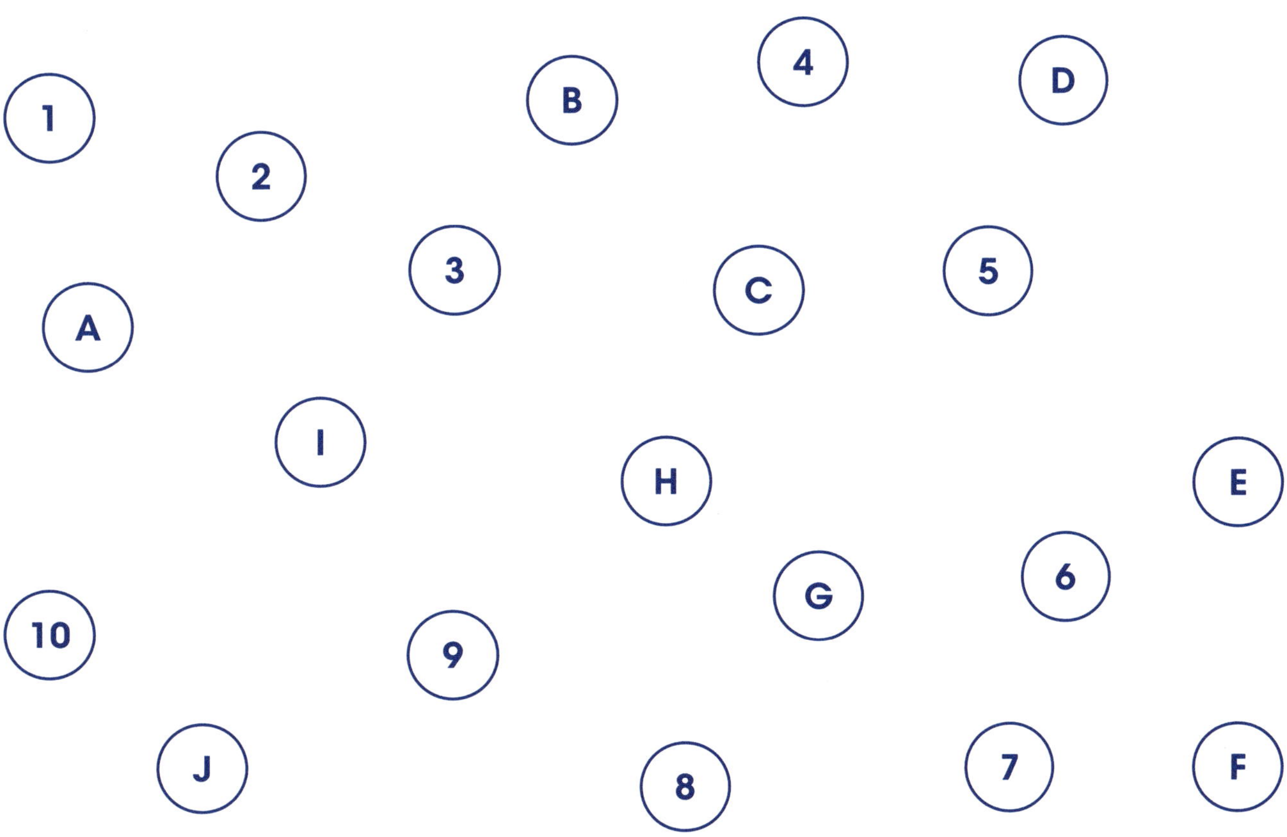

Devinettes (1)

→ Retrouve l'animal dont chaque enfant parle.
→ Entoure-le.

J'ai des ailes, j'aime aller dans l'eau mais je ne sais pas voler.

Je n'ai pas de pattes, je vis sous terre et je ne mords pas.

J'ai 6 pattes, je ne vole pas mais je sais sauter.

J'ai 4 pattes, je n'ai pas de poils mais j'ai une queue.

Nom : ....

Je raisonne avec les mots

Fiche 49

Devinettes (2)

→ **Retrouve la chambre de chaque enfant. Écris leur prénom à côté du dessin.**

Noam

J'aime lire et jouer au foot. J'ai un animal de compagnie. Je dors avec mon petit frère qui aime la musique et les clowns.

Romane

J'ai un animal de compagnie. Je n'aime pas trop lire mais je m'intéresse à la conquête spatiale et au basket.

Amira

Je dors avec ma petite sœur qui aime la musique. Elle a peur des clowns mais aime le jonglage.

Jules

J'aime lire. J'ai un animal de compagnie. Je n'aime pas le sport mais j'aime la magie.

.... 

 ....

.... 

 ....

Nom : ....

Je raisonne
avec les mots

Devinettes (3)

→ **Trouve la solution de chaque devinette. Écris-la.**
Si besoin, aide-toi de l'indice en dépliant le bas de la page.

Devinette 1 :

Le lit en a 4. Nous en avons 2.

De quoi s'agit-il ?

....

Devinette 2 :

Le cheval et le lama n'en ont qu'1. Le chat n'en a pas mais la libellule en a 4.

De quoi s'agit-il ?

....

Devinette 3 :

On me trouve dans la mer comme dans le ciel.

De quoi s'agit-il ?

....

Devinette 4 :

J'ai des dents mais je ne peux pas manger.

De quoi s'agit-il ?

....

Devinette 5 :

J'ai un chapeau mais pas de tête. J'ai un pied mais pas de chaussure.

De quoi s'agit-il ?

....

Devinette 6 :

Le bateau en transporte 2, l'avion 1 seul et la voiture aucun.

De quoi s'agit-il ?

....

Indice 1 : Les tiens te servent à marcher.

Indice 2 : Observe les lettres des mots.

Indice 3 : Elles ont plusieurs branches.

Indice 4 : On l'utilise pour se coiffer.

Indice 5 : On le trouve dans la forêt.

Indice 6 : Observe les lettres des mots.

Dis-moi ce que tu portes, je te dirai ce que tu fais

→ **Relie chaque tenue au métier correspondant.**

 • • Chirurgien
Chirurgienne

 • • Facteur
Factrice

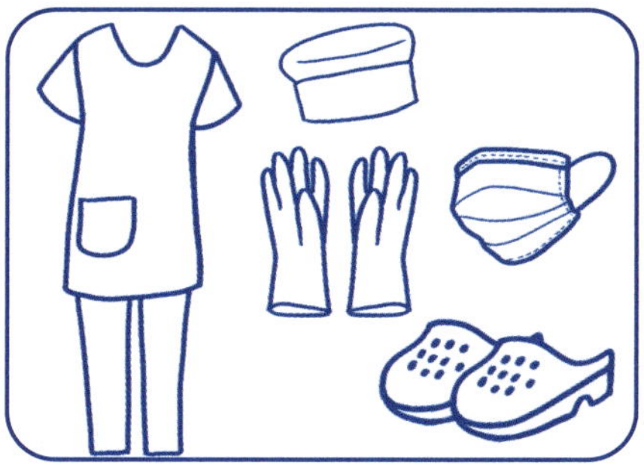 • • Cuisinier
Cuisinière

 • • Policier
Policière

Nom : ....

Quelque chose qui cloche

→ **Entoure ce qui ne va pas sur chaque image.**
→ **Justifie ta réponse à l'oral.**

Nom : ....

Je raisonne avec les mots

Fiche **53**

Qu'est-ce qui va se passer ?

→ **Pour chaque image, explique ce qui va se passer en quelques mots.**

....

....

....

....

....

....

....

....

....

....

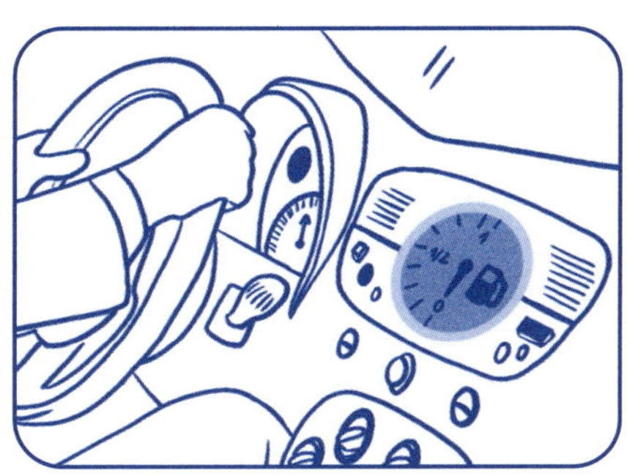

....

....

Nom : ....

Je raisonne
avec les mots

Fiche **54** *

Menons l'enquête

→ **Trouve la réponse à chaque question en observant bien le dessin de droite.**
→ **Entoure ta réponse sur le dessin.**
→ **Justifie ta réponse à l'oral en donnant tes indices.**

Qui a volé une part de tarte ?

Qui a cassé le pot de fleurs ?

Qui a remporté la course ?

Qui a marché dans le potager ?

Nom : ....

Je raisonne avec les mots

Fiche 55

Qui est qui ? (1)

→ **Retrouve l'identité de chaque enfant avec le texte et le dessin.**
→ **Note le prénom de chaque enfant dans les étiquettes.**

Vera est assise entre Lilou et Adam. Lilou ne peut voir Adam qu'en se retournant. Sam n'a personne devant lui.

Emma est assise devant Karim. Jo est assis derrière Nadia. Léa ne peut voir Nadia qu'en se retournant.

Nom : ....

Je raisonne avec les mots

Fiche **56**

Qui est qui ? (2)

→ **Retrouve le chien de chaque enfant. Aide-toi du tableau :**
- fais une croix à chaque fois que tu élimines un des chiens ;
- fais un rond quand c'est le chien qui correspond à la description.

1

2

3

4

Le chien de Zineb porte une écharpe. Le chien de Habib porte un bonnet.
Le chien de Timéo porte des chaussettes. Le chien de Max n'est pas noir.

	1	2	3	4
chien de Zineb				
chien de Max				
chien de Timéo				
chien de Habib				

1

2

3

4

Le chien de Samuel ne porte pas d'écharpe. Le chien de Jules n'a pas de bonnet.
Le chien de Nina porte une écharpe mais n'est pas assis. Le chien de Tina porte un bonnet.

	1	2	3	4
chien de Samuel				
chien de Nina				
chien de Jules				
chien de Tina				

Nom : ....

Je raisonne avec les mots

Fiche **57** *

La file d'attente

→ **Colorie les personnes dans les files d'attente en suivant les indications.**

Colorie la dernière personne en rouge. Colorie la personne avec un sac à dos en jaune et la personne juste devant elle en vert. Colorie la personne restante en bleu.

Colorie la première personne en jaune. Colorie la personne avec un sac à dos en bleu et la personne derrière elle en vert. Colorie la personne restante en rouge.

Colorie la deuxième personne en jaune et la personne derrière elle en vert. La dernière personne est en rouge. Colorie la personne restante en bleu.

Colorie la personne qui se trouve entre deux femmes en rouge. Colorie la quatrième personne en jaune et la première personne en vert. Colorie la personne restante en bleu.

Le carré de fleurs

→ **Colorie les fleurs en suivant les indications de couleurs.**

Les fleurs en haut à gauche sont jaunes. Celles en bas à droite sont bleues. Les fleurs sous les fleurs jaunes sont rouges. Les autres sont vertes.

Les fleurs en bas à gauche sont vertes. Les fleurs en haut à gauche sont bleues. À côté des fleurs bleues, on voit des fleurs rouges. Les autres sont jaunes.

Les fleurs en haut à droite sont jaunes. En dessous des fleurs jaunes, on voit des fleurs vertes. À côté des fleurs vertes, on voit des fleurs bleues. Les autres sont rouges.

Les fleurs en bas à droite sont rouges. Au-dessus des fleurs rouges, on voit des fleurs jaunes. À gauche des fleurs rouges, on voit des fleurs vertes. Les autres sont bleues.

Nom : ....

Je raisonne
avec les mots

La boite de chocolats

→ **Colorie les chocolats en suivant les indications de couleurs.**

Le chocolat au centre de la boite est rouge. Les chocolats des coins sont bleus. Ceux de la ligne centrale sont verts. Les autres sont jaunes.

Les chocolats de la ligne centrale sont jaunes. Les deux chocolats en bas à droite sont rouges. Le chocolat dans le coin supérieur gauche est vert. Les autres sont bleus.

Les chocolats de la colonne de droite sont verts. Le chocolat au centre de la boite est bleu. Celui dans le coin inférieur gauche est rouge. Les autres sont jaunes.

Les chocolats de la colonne centrale sont rouges. Le chocolat dans le coin inférieur gauche est jaune. Celui dans le coin supérieur droit est bleu. Les autres sont verts.

Du mot au concept

→ **Entoure tous les dessins qui correspondent à la définition.**

On s'y assoit.

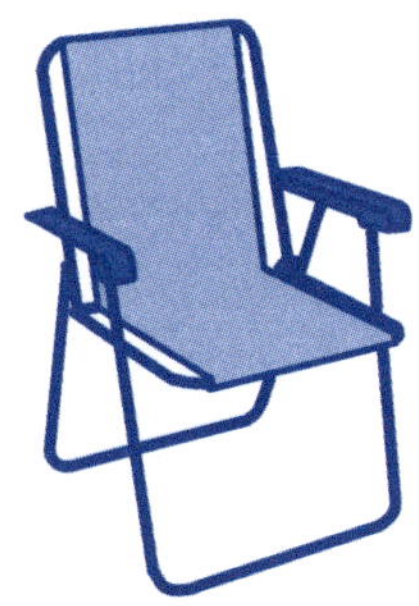

On peut en voir dans le ciel.

On peut le/la boire.

On peut le/la plier.

Nom : ....

Je raisonne avec les mots

Fiche 61

Les listes

→ **Trouve 5 mots correspondant à la définition.**

5 choses qu'on trouve à la mer.

....

....

....

....

....

5 choses qu'on trouve dans une maison hantée.

....

....

....

....

....

5 choses qu'on trouve à la montagne.

....

....

....

....

....

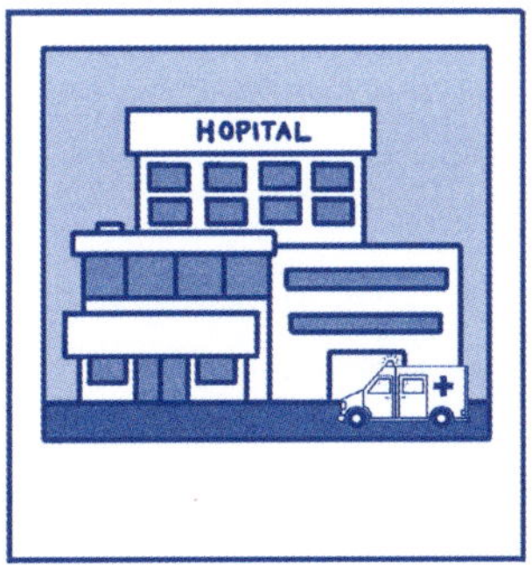

5 choses qu'on trouve à l'hôpital.

....

....

....

....

....

Nom : ....

Je raisonne avec les mots

Fiche **62**

Les définitions

→ **Coche les mots de la liste qui permettent de définir le mot représenté sur chaque image.**
→ **Utilise ces mots pour formuler une définition.**

un fauteuil

☐ **meuble**
☐ **confortable**
☐ **salon**
☐ **coucher**
☐ **chaise**
☐ **froid**
☐ **s'assoir**

Définition : ....

....

....

un manteau

☐ **chaud**
☐ **froid**
☐ **vêtement**
☐ **fille**
☐ **été**
☐ **pantalon**
☐ **veste**

Définition : ....

....

....

un canard

☐ **poils**
☐ **oiseau**
☐ **étang**
☐ **nager**
☐ **animal**
☐ **cygne**
☐ **nageoire**

Définition : ....

....

....

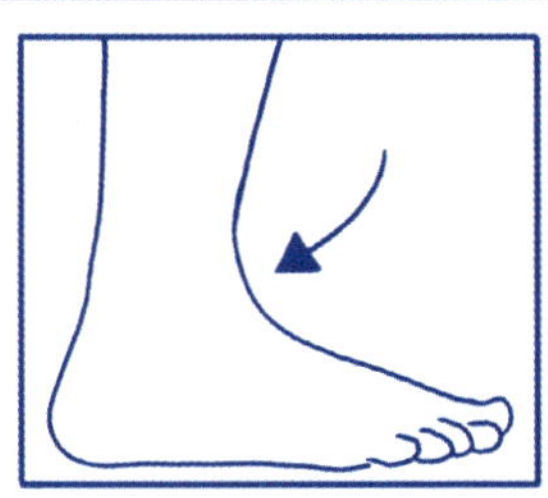
une cheville

☐ **marcher**
☐ **jambe**
☐ **pied**
☐ **talon**
☐ **chaussure**
☐ **corps**
☐ **articulation**

Définition : ....

....

....

Les faux problèmes

→ **Résous les problèmes suivants. Attention, ne te précipite pas pour écrire ta réponse !**

Le thermomètre de la classe indique 19°C.
Combien indiqueront 2 thermomètres ?

Les 2 thermomètres indiqueront ..... °C

Il y a 7 portes dans le couloir de l'école. 4 portes ont été peintes en bleu.
Combien y a-t-il de portes ?

Il y a ..... portes.

Je participe à une course. À quelques mètres de l'arrivée, je dépasse le 2e.

Je suis donc arrivé le ....

Sur ces 4 pattes, un ours pèse 300 kilogrammes. S'il se dresse sur ces 2 pattes arrière, combien pèse-t-il ?

Sur 2 pattes, l'ours pèse ....

Tom met 8 minutes pour se rendre à pied à l'école.
Combien de temps mettra-t-il s'il y va avec un copain ?

Avec un copain, Tom mettra ..... minutes pour se rendre à l'école.

Les intrus (1)

→ **Entoure l'intrus qui s'est glissé dans chaque signe.**
→ **Justifie ton choix en une phrase.**

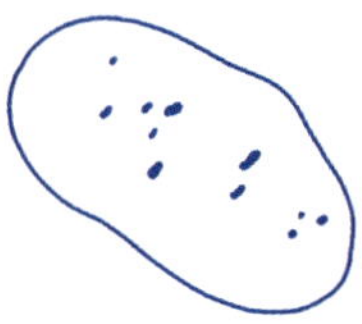    

pomme de terre | poireau | banane | carotte | oignon

....

vélo | moto | trottinette | scooter | voiture | hoverboard

....

   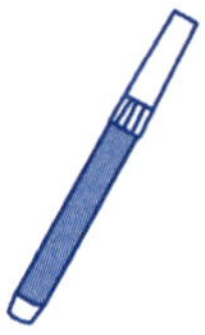 

stylo plume | crayon | stylo bille | feutre | marqueur

....

  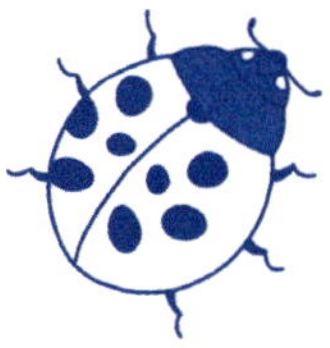 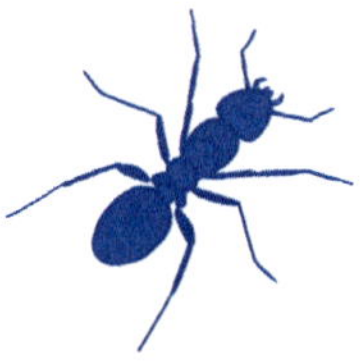  

aigle | mouche | coccinelle | fourmi | pigeon | libellule

....

Les intrus (2)

→ **Entoure l'intrus qui s'est glissé dans chaque ligne.**
→ **Justifie ton choix en une phrase.**

tasse - verre - boite - bol - vase - arrosoir

....

....

billard - tennis - golf - pingpong - football - volley

....

....

genoux - oreilles - coudes - épaules - poignets - chevilles

....

....

lessive - liquide vaisselle - dentifrice - shampoing - eau

....

....

Les incohérences

→ Trouve ce qui n'est pas logique dans chaque texte.
→ Entoure le ou les mots pièges.
→ Propose un mot ou des mots qui conviendraient mieux.

Après une chute à vélo, Hugo a dû aller à l'hôpital. Sa jambe était cassée, le dentiste lui a posé un plâtre qu'il a gardé 6 semaines.

....

Samia va à la piscine le mercredi. Jeudi soir, elle prépare son sac. Elle prend son maillot de bain bleu, ses bottes vertes et sa serviette à carreaux.

....

La classe de CE2 est allée au musée cette semaine. Les élèves ont vu de très belles peintures. À la fin du film, ils sont rentrés à l'école en bus.

....

Pendant le match de football, l'arbitre a renvoyé un des joueurs. Avant de retourner au vestiaire, il a jeté sa raquette par terre.

....

Papa gare sa voiture sur le parking du supermarché. Il retire son casque et prend un charriot avant d'aller faire ses courses.

....

Chaque nuit, le hibou sort chasser dans la forêt. Il mange des souris et des mulots, puis quand le soleil se couche, il retourne se cacher.

....

Nom : ....

Le bowling

→ **Dans chaque partie de bowling, l'objectif est de faire tomber les 10 quilles en 1 ou 2 lancers.**

→ **Trouve combien de quilles le joueur devra faire tomber à son 2e lancer pour qu'aucune quille ne reste debout.**

→ **Pour vérifier, barre les quilles tombées au 1er lancer. Entoure les quilles du 2e lancer.**

Exemple :

1er lancer : 5 quilles

→ 2e lancer : 5 quilles

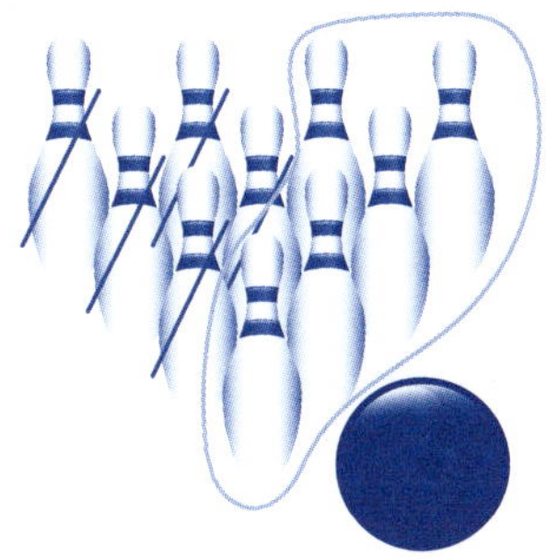

1er lancer : 3 quilles

→ 2^{e} lancer : .... quilles

1er lancer : 8 quilles

→ 2^{e} lancer : .... quilles

1er lancer : 4 quilles

→ 2^{e} lancer : .... quilles

1er lancer : 6 quilles

→ 2^{e} lancer : .... quilles

1er lancer : 10 quilles

→ 2^{e} lancer : .... quilles

1er lancer : 1 quille

→ 2e lancer : .... quilles

Nom : ....

Le tir à l'arc

→ **Trouve le score de chaque flèche en fonction du score général.**

Exemple :

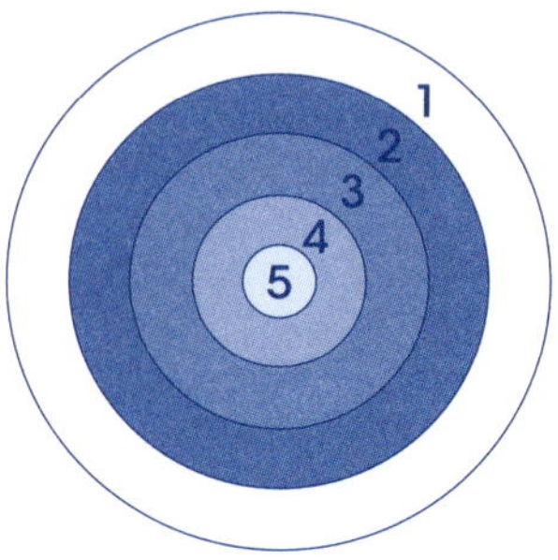

Score : 10

1re flèche : 4 points

2e flèche : 3 points

3e flèche : 3 points

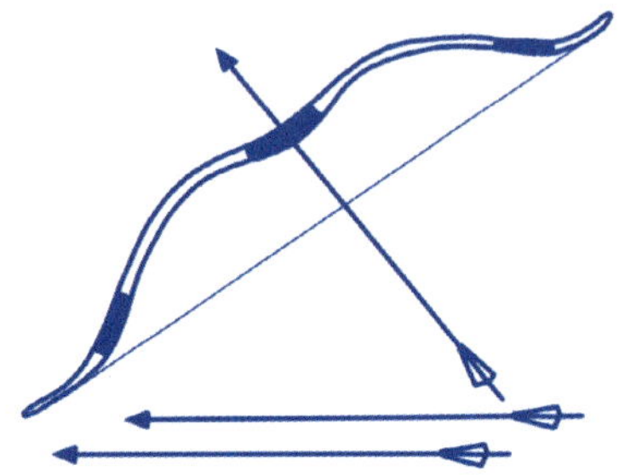

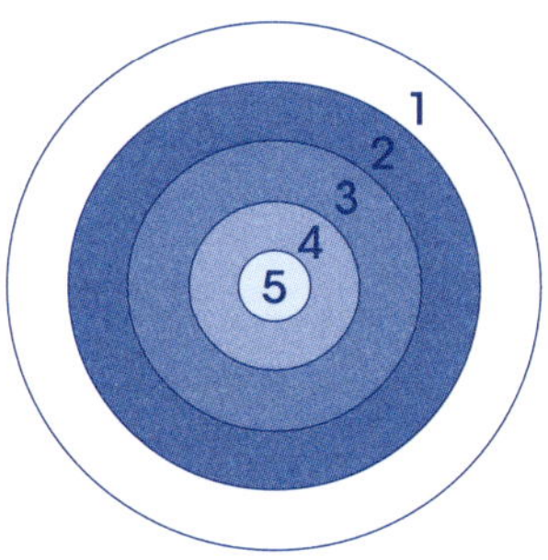

Score : 10

1re flèche : 5 points

2e flèche : 1 point

→ **3e flèche : .... points**

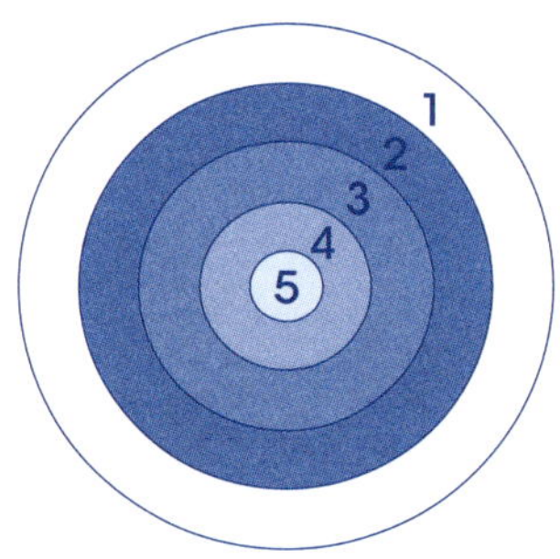

Score : 10

1re flèche : 2 points

2e flèche : 3 points

→ **3e flèche : .... points**

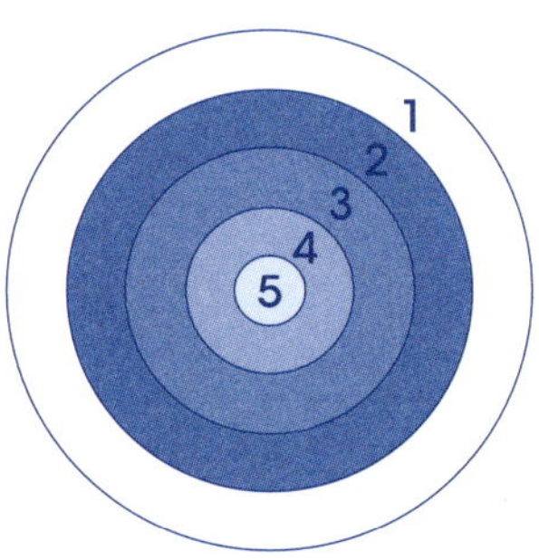

Score : 10

1re flèche : 4 points

2e flèche : 4 points

→ **3e flèche : .... points**

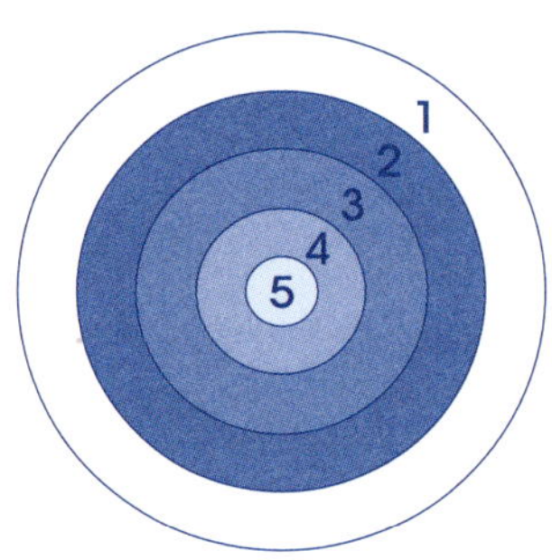

Score : 10

1re flèche : 5 points

2e flèche : 3 points

→ **3e flèche : .... points**

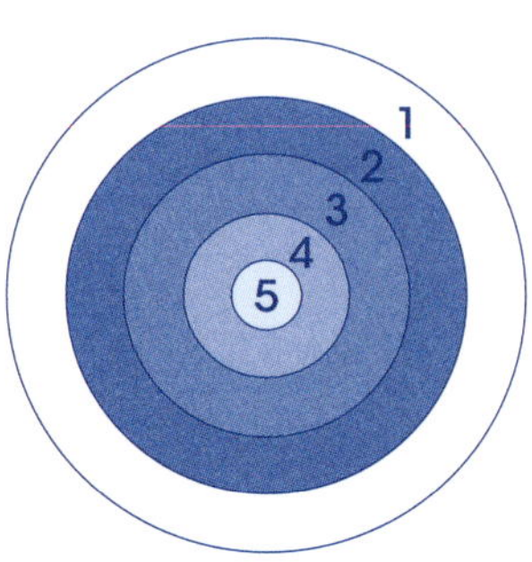

Score : 10

1re flèche : 3 points

2e flèche : .... points

→ **3e flèche : .... points**

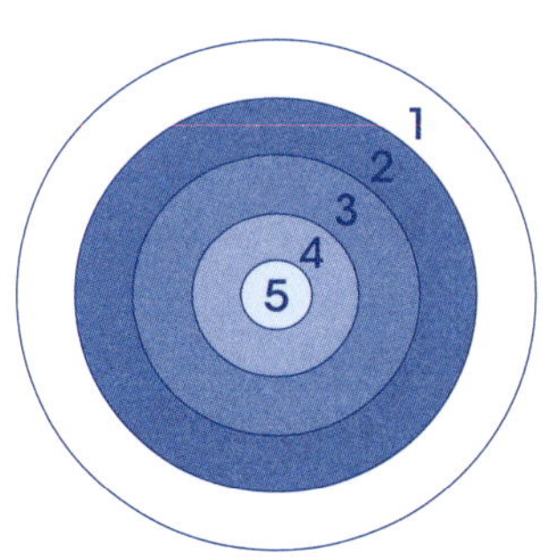

Score : 15

1re flèche : .... points

2e flèche : .... points

→ **3e flèche : .... points**

Les billets de banque

→ **Entoure les billets qui te permettent de payer le prix demandé sur l'étiquette.**

Exemple : 50 €

100 €

250 €

540 €

830 €

Les animaux

→ **Trouve le nombre d'animaux cachés sur chaque dessin.**

Il y a .... oiseaux dans le nid.

Il y a .... lapins derrière le buisson.

Il y a .... escargots derrière les rochers.

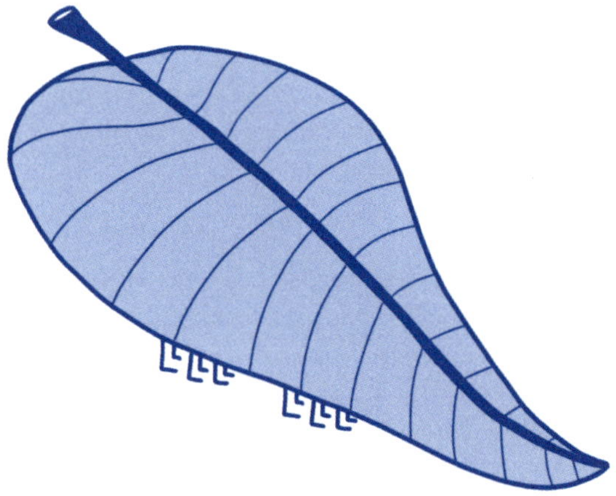

Il y a .... fourmis sous la feuille.

Il y a .... oiseaux derrière la barrière.

Il y a .... chats sous le van.

Nom : ....

Le parterre de fleurs (1)

→ **Colorie les parterres de fleurs afin qu'il y ait autant de fleurs rouges que de fleurs jaunes dans chaque quadrillage ou cercle.**

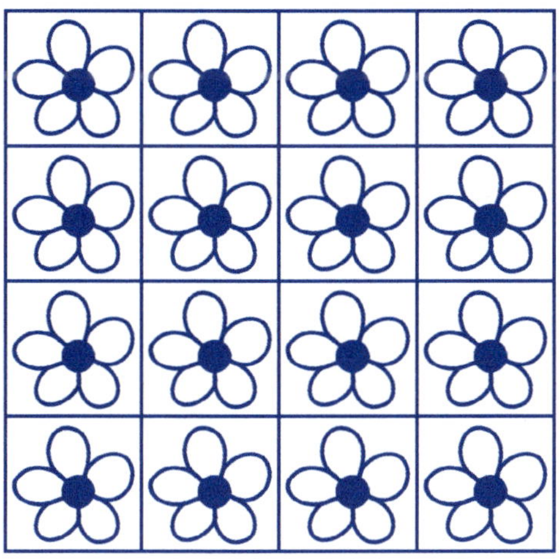

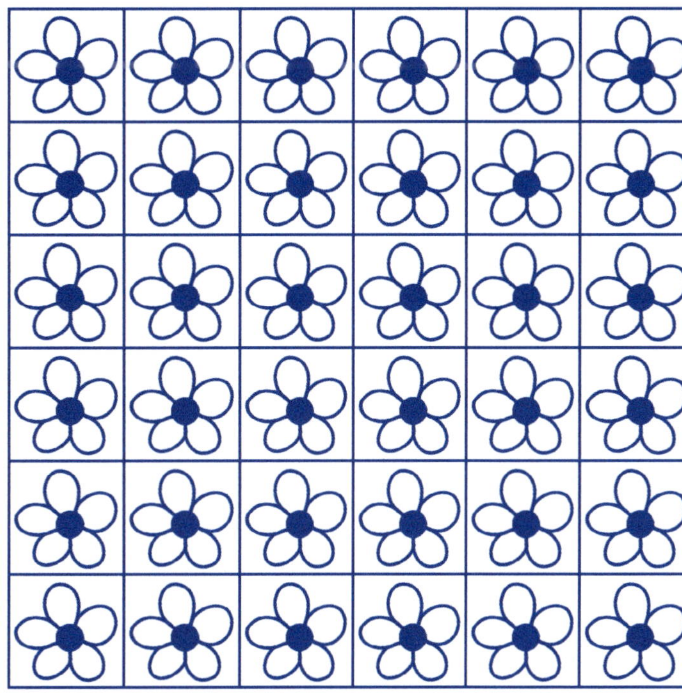

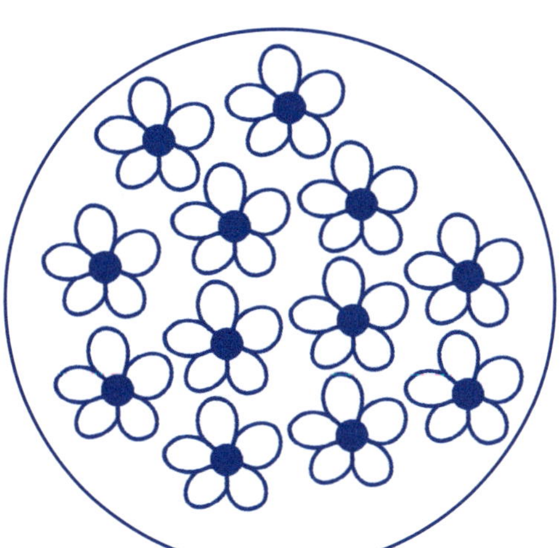

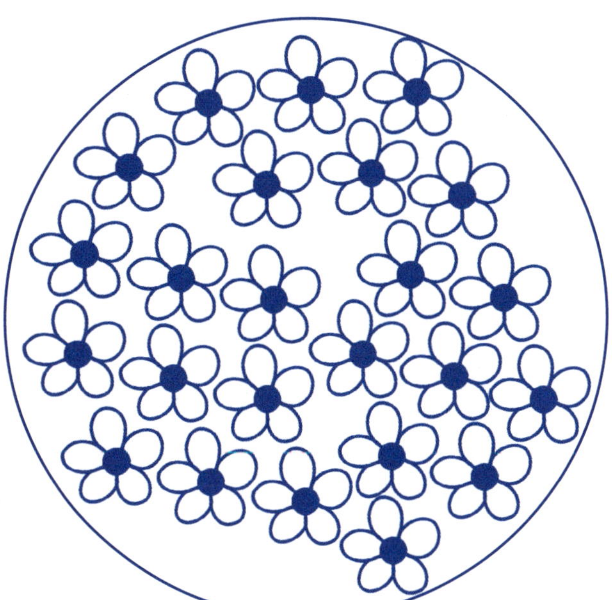

Nom : ....

Le parterre de fleurs (2)

→ **Colorie les parterres de fleurs afin qu'il y ait 2 fleurs jaunes de plus que de fleurs rouges.**

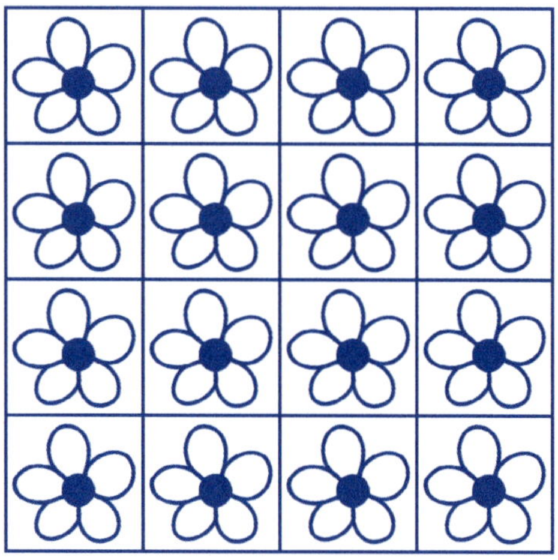

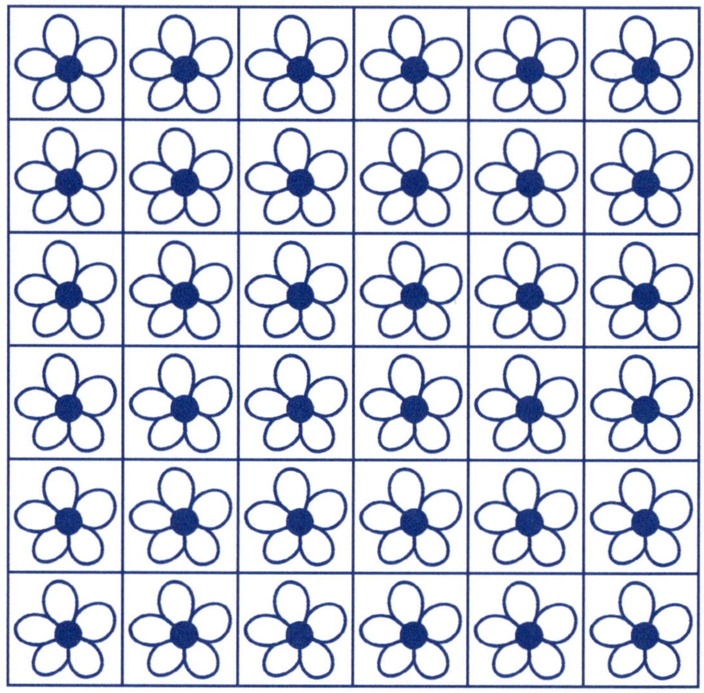

→ **Colorie les parterres de fleurs afin qu'il y ait 3 fleurs jaunes de plus que de fleurs rouges.**

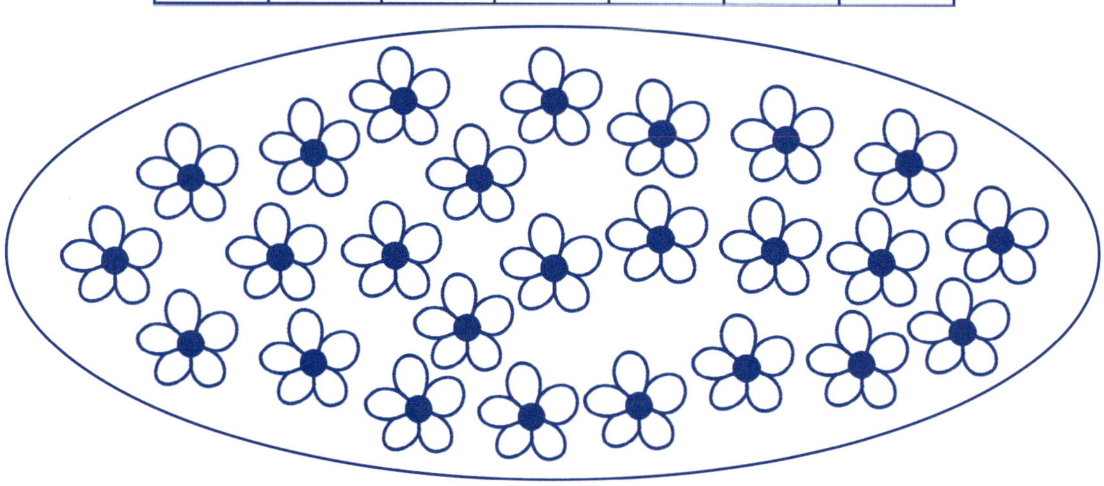

Nom : ....

Je raisonne
avec les nombres

Fiche 73 *

Jetons quadri'logiques (1)

→ **Découpe les jetons de la Fiche-matériel 73.**
→ **Place les jetons dans chaque quadrillage en respectant les contraintes données.**

			2
			1
			0
1	0	2	3 jetons

			1
			1
			1
1	2	0	3 jetons

			1
			1
			2
1	3	0	4 jetons

			1
			2
			1
1	1	2	4 jetons

Nom : ....

Jetons quadri'logiques (2)

→ **Découpe les jetons de la Fiche-matériel 73.**
→ **Place les jetons dans chaque quadrillage en respectant les contraintes données.**

			1
			2
			1
2	0	2	4 jetons

			0
			2
			2
1	1	2	4 jetons

			2
			1
			2
2	1	2	5 jetons

			1
			2
			2
2	2	1	5 jetons

Nom : ....

Je raisonne
avec les nombres

Fiche **75** ***

Jetons quadri'logiques (3)

→ **Dessine les jetons dans chaque quadrillage en respectant les contraintes données.**

				3
				1
				2
				0
1	2	1	2	6 jetons

				1
				2
				2
				1
1	2	2	1	6 jetons

				1
				1
				2
				3
2	1	2	2	7 jetons

				2
				2
				0
				3
2	2	1	2	7 jetons

Nom : ....

Les dominos mystères

→ **Observe les dominos de chaque suite et dessine les points sur le domino mystère.**

1

2

3

4

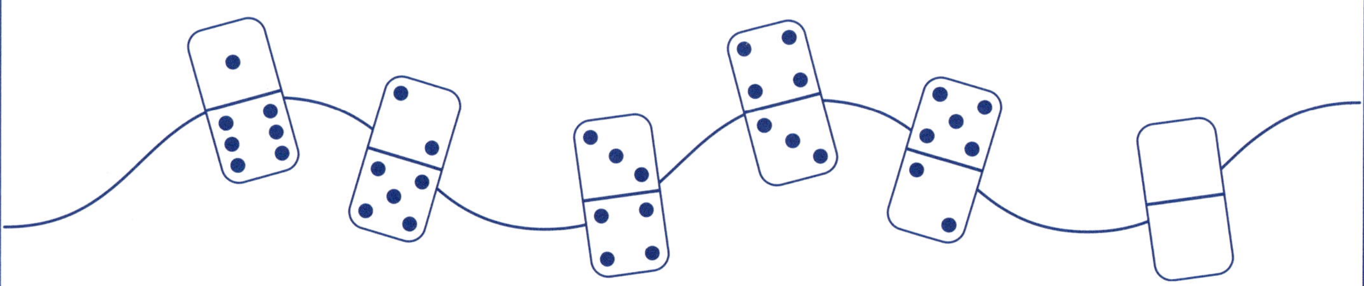

5

6

Nom : ....

Je raisonne avec les nombres

Fiche **77** ⁂

Nombres en folie (1)

→ **Observe et complète chaque suite de nombres.**

• **Suite n° 1 :**

1	1		2	2		3			4	4
1	1		2			3	3			4

• **Suite n° 2 :**

1	2		4	1		3	4			
4	3		3	2		2	1			

• **Suite n° 3 :**

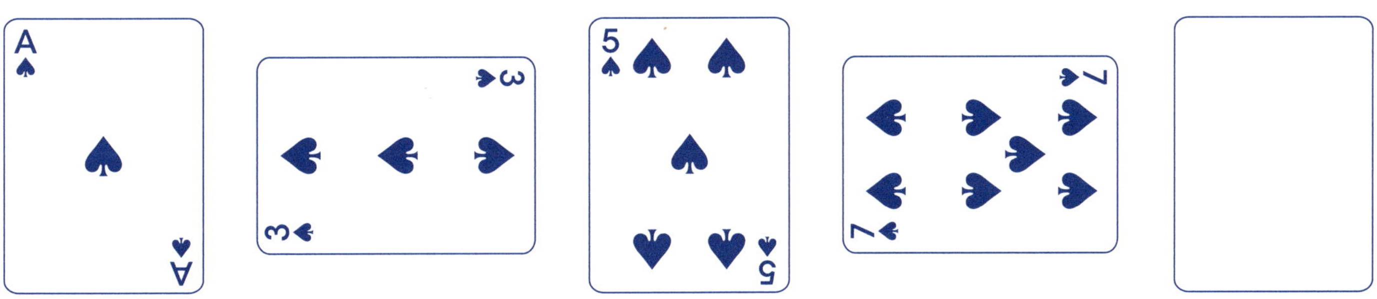

• **Suite n° 4 :**

7			13							
3	4			7		8				9
2	1	3			3		5	4	2	1	

Nombre en folie (2)

→ **Observe et complète chaque suite de nombres.**

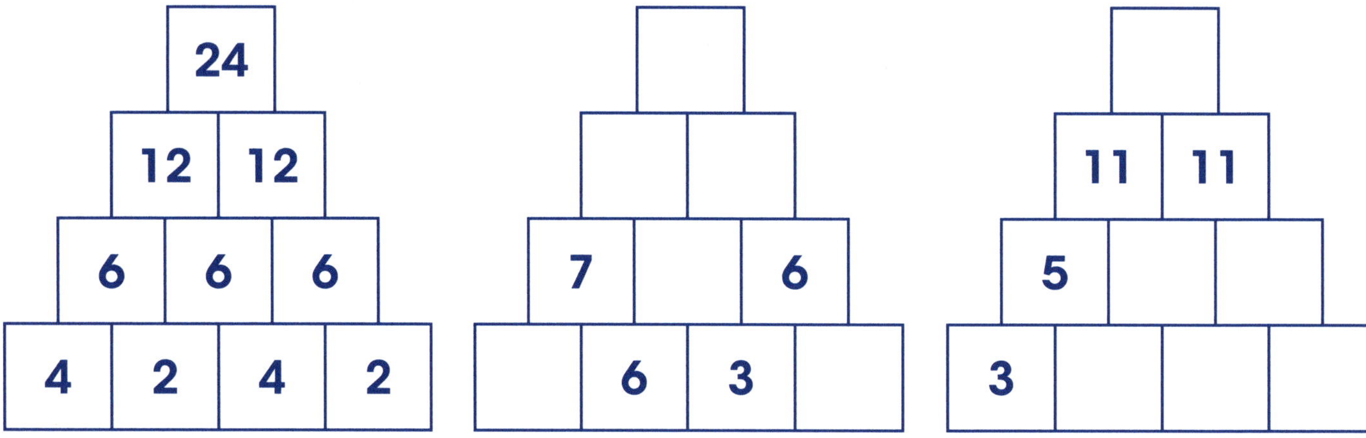

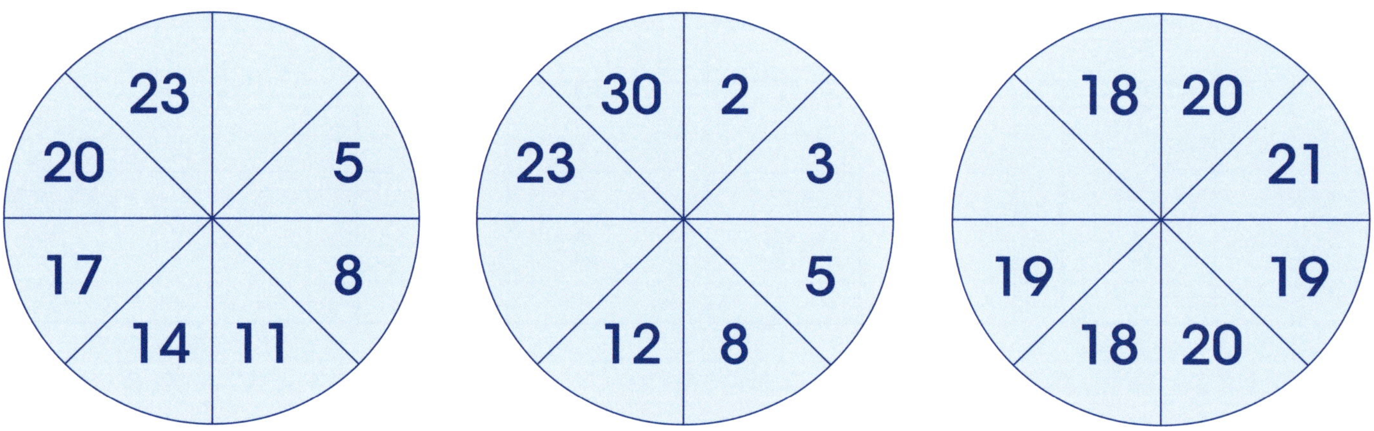

4	7	2	13
5	6	1	12
9	4	5	18
18	17		

5	3	8	2
4	2	6	2
9	5		
1	1	2	0

3	7	9	5
6	1		8
2	4	2	1
11	12	14	

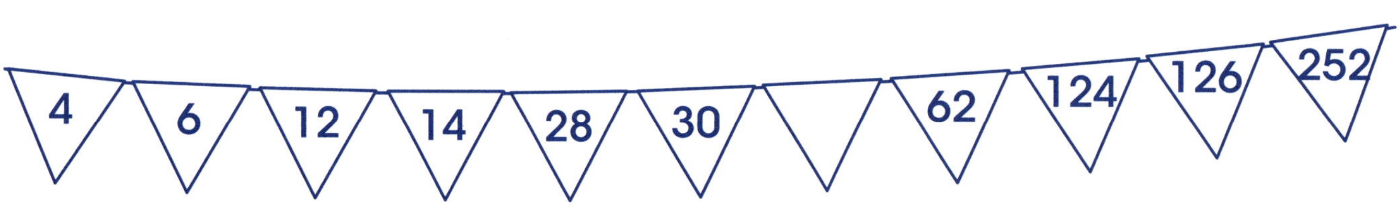

Nom : ....

Les boites d'œufs

→ **Le fermier dispose de 3 types de boites d'œufs. Aide-le à choisir les boites qui conviennent pour ranger tous les œufs (voir Fiche-matériel 79).**

Attention : les boites doivent être entièrement remplies.

14 œufs

Nombre de boites de 6	Nombre de boites de 8	Nombre de boites de 10

24 œufs

Nombre de boites de 6	Nombre de boites de 8	Nombre de boites de 10

32 œufs

Nombre de boites de 6	Nombre de boites de 8	Nombre de boites de 10

Bâtisseurs

→ **Indique, pour chaque château, le nombre de cartes nécessaire à sa construction.**

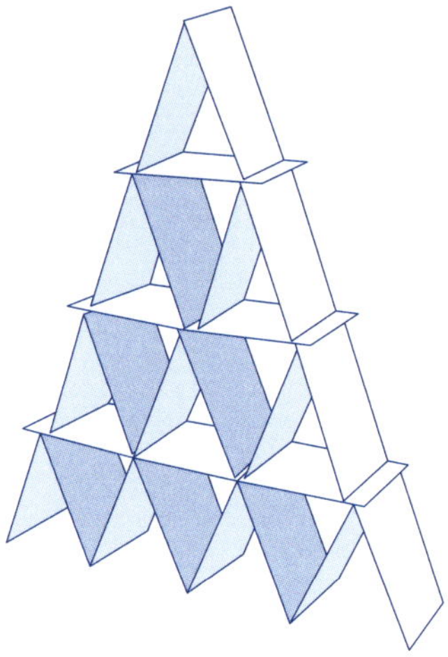

Combien de cartes faut-il pour le 2e **niveau** ? ◯

Combien de cartes faut-il pour le 1er **niveau** en bas ? ◯

Combien de cartes faut-il pour faire un château de **4 niveaux** ? ◯

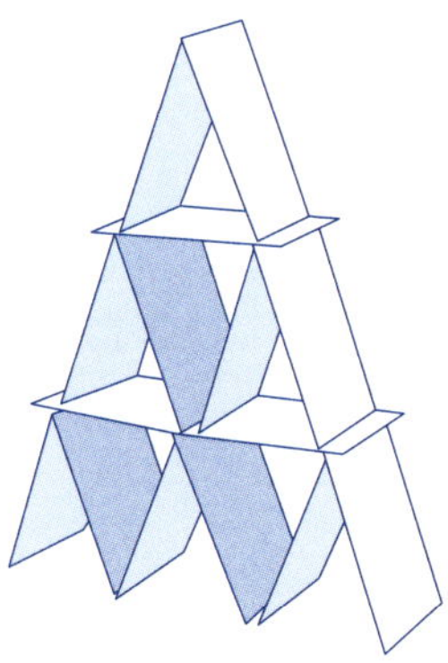

Combien de cartes faut-il pour le 2e **niveau** ? ◯

Combien de cartes faut-il pour le 1er **niveau** en bas ? ◯

Combien de cartes faut-il pour faire un château de **3 niveaux** ? ◯

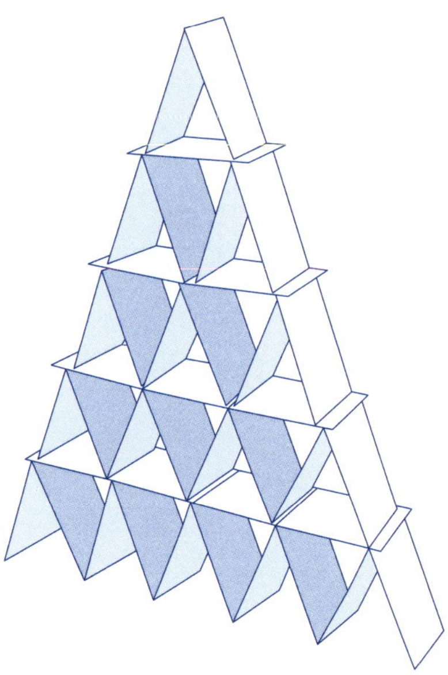

Combien de cartes faut-il pour le 3e **niveau** ? ◯

Combien de cartes faut-il pour le 2e **niveau** ? ◯

Combien de cartes faut-il pour faire un château de **5 niveaux** ? ◯

Jour de marché

→ **Trouve le prix du dernier cageot en t'aidant des prix déjà indiqués.**

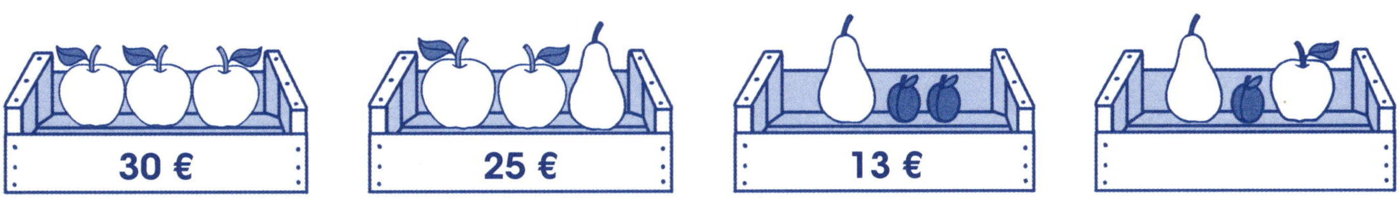

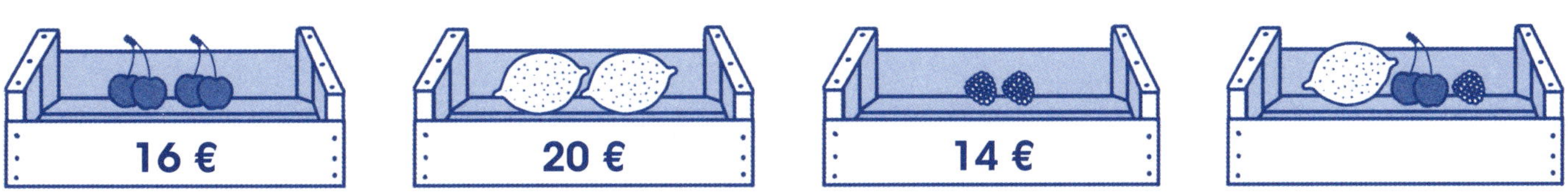

Nom : ....

Le nombre mystère (1)

→ **Suis les indications pour trouver le nombre mystère. Entoure-le.**

Je suis plus petit que 20. Je suis un nombre à deux chiffres.
Je suis un nombre pair.
Qui suis-je ?

24 - 16 - 7 - 19

L'un de mes chiffres est un 2. Je suis un nombre pair. Je suis inférieur à 30.
Qui suis-je ?

32 - 23 - 8 - 26

Je suis un nombre à deux chiffres. La somme de mes chiffres est égale à 9.
Je suis supérieur à 20.
Qui suis-je ?

6 - 18 - 26 - 36

Je suis inférieur à 20. Je suis un nombre à un chiffre. Je suis un nombre impair.
Qui suis-je ?

13 - 5 - 6 - 28

Le nombre mystère (2)

→ **Suis les indications pour trouver le nombre mystère.**

Je suis un nombre à deux chiffres. Je n'ai pas de 1. Un de mes chiffres est 4. Je suis plus petit que 30.

Je suis...

Je suis un nombre à deux chiffres. Je suis compris entre 30 et 40. Je suis un nombre impair. La somme de mes chiffres est égale à 4.

Je suis...

Je suis un nombre à trois chiffres. La somme de mes chiffres est égale à 6. Mon chiffre des unités est 0. Je suis inférieur à 200.

Je suis...

Je suis un nombre à deux chiffres. Je n'ai pas de 9. Je suis un nombre impair. Mon chiffre des dizaines est 6. Je suis supérieur à 65.

Je suis...

Je suis un nombre à trois chiffres. La somme de mes chiffres est égale à 3. Je suis supérieur à 299.

Je suis...

Le coffre-fort (1)

→ **Pour chaque coffre-fort, utilise les chiffres proposés pour trouver toutes les combinaisons possibles. Écris-les dans les cases.**

Utilise les chiffres 1 - 2 - 3.

Utilise les chiffres 5 - 7 - 9.

Utilise les chiffres 6 - 0 - 2.

Utilise les chiffres 4 - 7 - 8.

Le coffre-fort (2)

→ **Suis les indications pour trouver la combinaison qui ouvre chaque coffre-fort. Aide-toi de la méthode de raisonnement (voir Fiche-matériel 85) pour le 2e coffre-fort.**

5	1	6	Aucun chiffre correct
7	3	0	Un chiffre mal placé
1	9	2	Un chiffre correct
8	2	4	Deux chiffres mal placés
6	7	5	Un chiffre correct

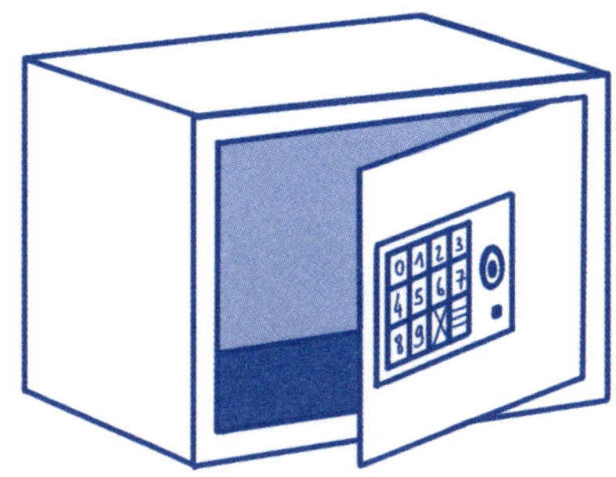

Indice de vérification du code : la somme des chiffres est égale à 13.

Indice de vérification du code : la somme des chiffres est égale à 16.

Aucun chiffre correct	1	2	6
Un chiffre mal placé	6	4	8
Un chiffre correct	7	3	9
Deux chiffres mal placés	5	8	0
Un chiffre correct	4	1	5

Qui va gagner ?

But du jeu : associer deux à deux les cartes de même valeur et se débarrasser de toutes ses cartes.

→ Trouve le futur gagnant de chaque partie et entoure-le.

Partie A

Partie B

Partie C

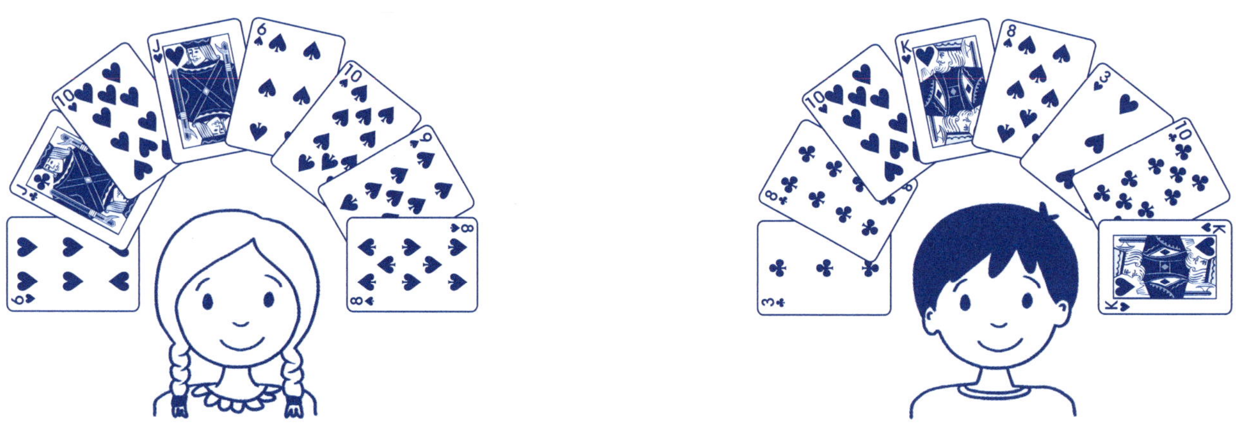

Nom : ....

Je raisonne avec les nombres

Fiche **87**

Duel fruitier

But du jeu : dans ce jeu, les joueurs doivent placer des fruits dans le cageot. Ils ne peuvent en poser que 1, 2 ou 3 à chaque tour.

Celui qui gagne est celui qui pose le 15e et dernier fruit dans le cageot.

→ Trouve le coup gagnant.

Partie A :

C'est à Fanny de jouer. Il y a 12 fruits dans la caisse. Combien de fruits doit-elle poser pour remporter la manche ?

....

Partie B :

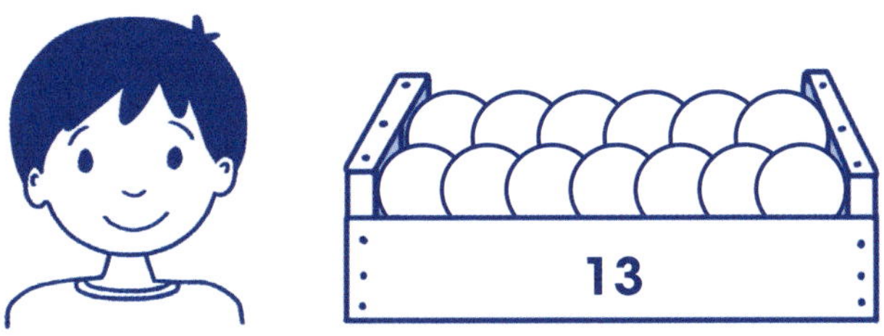

C'est à Sam de jouer. Il y a 13 fruits dans la caisse. Combien doit-il en poser pour remporter la manche ?

....

Partie C :

C'est à Fanny de jouer. Il y a 10 fruits dans la caisse. Combien de fruits doit-elle poser pour remporter la manche ?

....

Partie D :

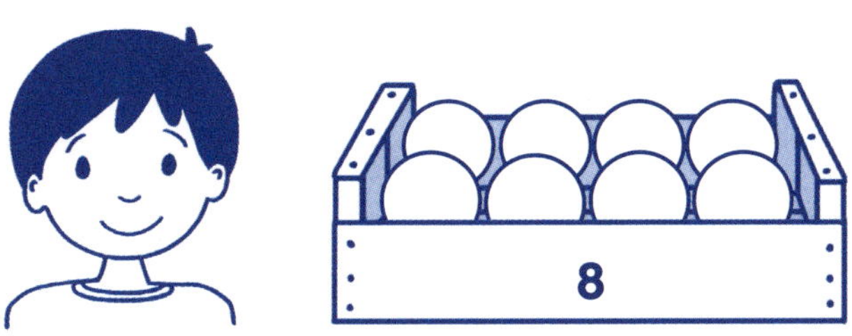

C'est à Sam de jouer. Il y a 8 fruits dans la caisse. Combien de fruits doit-il poser pour remporter la manche ?

....

Nom : ....

Dominos gagnants

But du jeu : construire une suite de dominos en utilisant tous les dominos à sa disposition.

- → **Trouve le futur gagnant de chaque partie. Pour t'aider, relie les dominos entre eux pour trouver la suite de dominos ou découpe les dominos de la Fiche-matériel 88.**
- → **Entoure le futur gagnant de chaque partie.**

Partie A

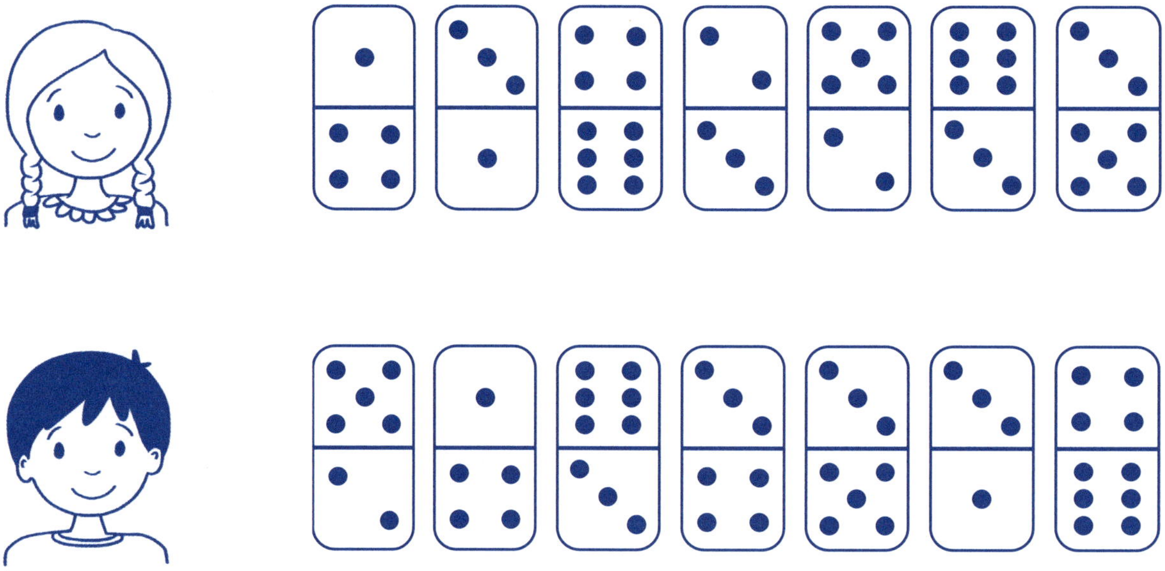

Partie B

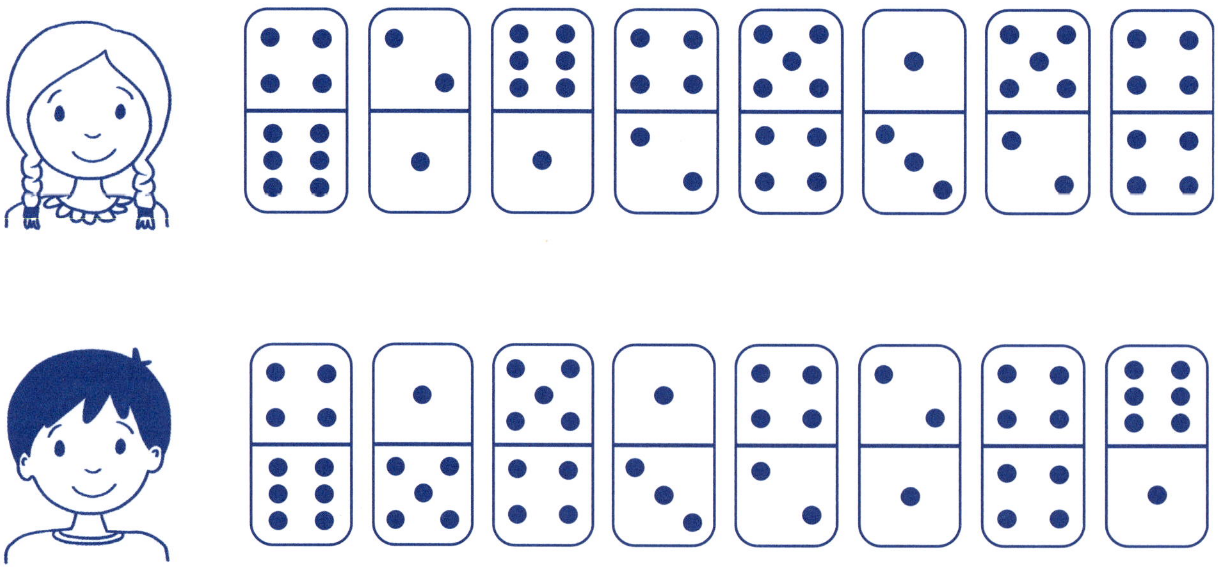

Nom : ....

Sudoku (1)

→ **Place les chiffres 1, 2, 3 et 4 dans chaque grille en respectant les règles du Sudoku.**

→ **Complète les grilles suivantes.**

		3	2
	3	1	4
1	4	2	
3			1

2		4	
4	1		3
1	4		2
	2		4

Nom : ....

Sudoku (2)

→ **Complète chaque grille avec les chiffres 1, 2, 3 et 4 selon les règles du Sudoku.**

	3	4	
4			2
1			3
	2	1	

		4	
4		3	
	4		3
	1		

3	4	1	
	2		
		2	
	1	4	3

	1	3	
2			
			3
	2	1	

2			
		3	
	4		
			1

1		4	
	1		2

Nom : ....

Sudoku (3)

→ **Complète la grille avec les chiffres 1 à 6 selon les règles du Sudoku.**

	1	4		5	2
3					
	6		1	3	
1	5				4
			2	6	3
				4	

→ **Complète la grille avec les chiffres 1 à 9 selon les règles du Sudoku.**

7			1			4		
			7	5	2	1	8	
6					3	7		5
				1	9		5	4
		9		6			7	1
8					4			9
9		6	4			2		3
	3		9		1			
	5		6				4	

Sudoku étoile

→ **Complète les cases de façon à ce que chaque étoile ait les chiffres 1 à 5 sur chaque branche (sans oublier l'étoile centrale).**

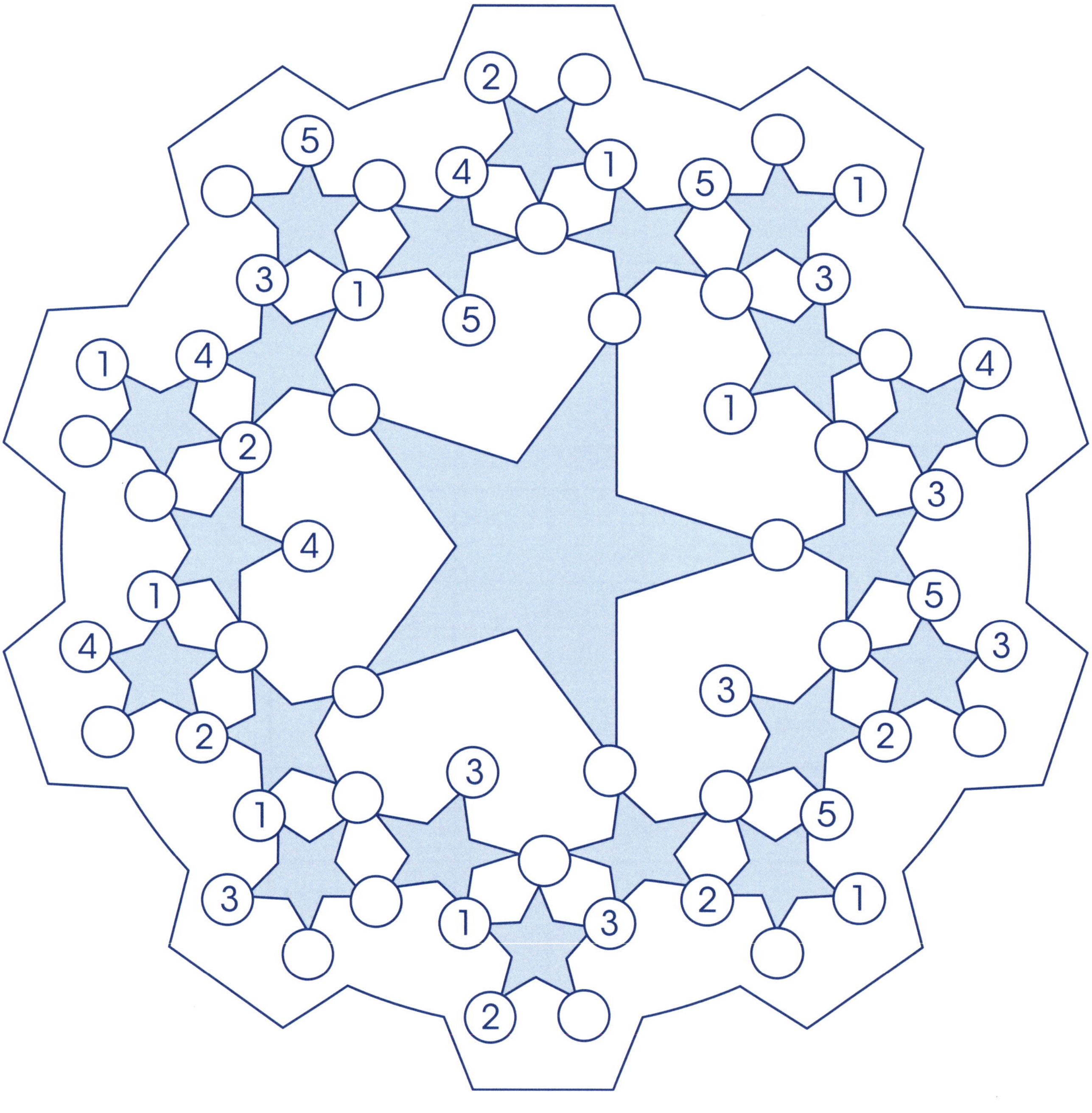

Nom : ....

Les fleurs du jardin

→ **Relie les cartes de commandes de fleurs aux jardins correspondants.**

Exemple :

3 2 2 0 1

4 1 0 2 2

2 1 0 2 3

3 2 1 0 2

2 2 2 2 1

Nom: ....

Je raisonne
avec les nombres

Fiche 94

Drôles de quantités

→ **Découpe les étiquettes de la Fiche-matériel 94.**
→ **Classe les affirmations dans le tableau.**

C'est trop					
C'est assez/C'est suffisant					
Ce n'est pas assez					

Nom : ....

La bonne unité (1)

→ **Trouve l'unité de temps appropriée à chaque situation.**
→ **Colorie la bonne réponse.**

J'attends le bus pendant 5 ...

heures | minutes | jours

Maman fait cuire le gâteau pendant 40 ...

jours | ans | minutes

Je suis partie en vacances pendant 10 ...

secondes | heures | jours

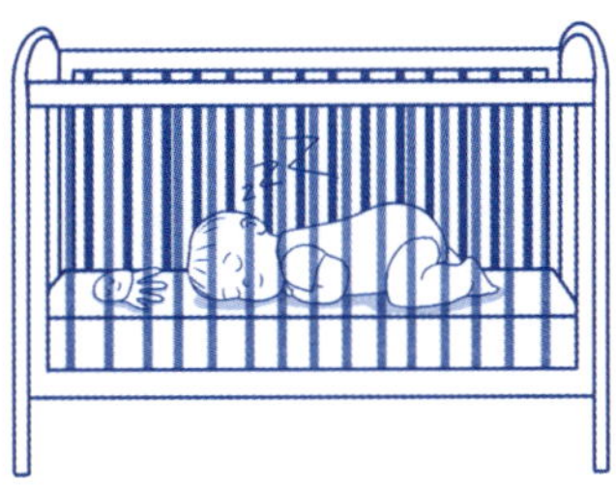

Mon frère a dormi pendant 2 ...

ans | heures | semaines

Les prochaines vacances sont dans 6 ...

semaines | ans | mois

Je peux rester sous l'eau pendant 15 ...

secondes | heures | jours

La bonne unité (2)

→ **Trouve l'unité de temps appropriée à chaque situation.**
→ **Colorie la bonne réponse.**

Le film a duré 2 ...

ans — heures — semaines

Cet arbre a au moins 50 ...

semaines — ans — minutes

J'ai vu un éclair pendant quelques ...

secondes — heures — jours

Je me brosse les dents pendant 2 ...

ans — heures — minutes

Elle a couru de l'autre côté de la cour en 30 ...

secondes — heures — jours

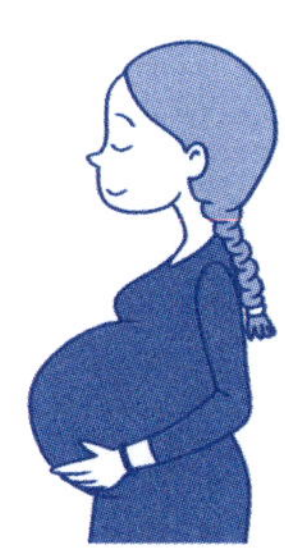

La maman a gardé le bébé dans son ventre pendant 9 ...

jours — mois — minutes

Nom : ....

Je raisonne
avec les nombres

Fiche **97** *

Les balances (1)

→ **Observe les fruits des balances à l'équilibre dans l'encadré.**
→ **Découpe les fruits en bas de la fiche et place-les sur les plateaux des balances en tenant compte de la position de l'aiguille de la balance.**

Nom : ....

Je raisonne avec les nombres

Fiche **98**

Les balances (2)

→ **Observe les deux balances à l'équilibre dans le cadre.**
→ **Dans chaque cas, entoure le plateau le plus lourd comme dans l'exemple.**

Exemple :